Bernhard Trenkle

Das Aha!-Handbuch

der Aphorismen und Sprüche für Therapie, Beratung und Hängematte

Dritte Auflage, 2008

Über alle Rechte der deutschen Ausgabe verfügt Carl-Auer-Systeme Verlag und Verlagsbuchhandlung GmbH Heidelberg
Fotomechanische Wiedergabe nur mit Genehmigung des Verlages
Umschlaggestaltung und -foto: WSP-Design, Heidelberg
Satz: Josef Hegele, Heiligkreuzsteinach
Printed in Germany
Druck und Bindung: Freiburger Graphische Betriebe, www.fgb.de

Dritte Auflage, 2008
ISBN 978389670-441-2

Bibliografische Information der Deutschen Nationalbibliothek
Die Deutsche Nationalbibliothek verzeichnet diese Publikation in der Deutschen Nationalbibliografie; detaillierte bibliografische Daten sind im Internet über http://dnb.d-nb.de abrufbar.

Carl-Auer Verlag
Häusserstraße 14
69115 Heidelberg
Tel. 0 62 21-64 38 0
Fax 0 62 21-64 38 22
E-Mail: info@carl-auer.de

Inhalt

Vorrede

Zu diesem Buch

Seit der Schulzeit sammle ich Sprüche und Aphorismen. Damals schon habe ich begonnen, witzige Sprüche in zwei kleine Hefte zu schreiben. Leider ist mir eines davon verloren gegangen.[1]
Die letzten Jahre habe ich mein altes Hobby etwas gezielter neu aufgegriffen und habe mit Genuss viele Aphorismen- und Sprüchesammlungen gelesen. Sprüche, die mir gefielen, wurden angekreuzt, und es wurde teilweise gleich kommentiert, wie sie in Therapie, Beratung oder auch in Fortbildungsseminaren verwendbar wären. Einige Praktikanten hatten großen Spaß, diese Auswahl in den Computer einzutippen.
Unterdessen habe ich einige tausend Sprüche in meiner Sammlung, und die Teilnehmer meiner Workshops für Psychotherapeuten, Berater, Seelsorger etc. waren immer schnell beim Mitschreiben, sobald ich mit einem dieser Sprüche die Seminare auflockerte. Arbeitsblätter mit Auflistungen der Sprüche waren begehrt. Einige Teilnehmer hatten eigene Sammlungen von Sprüchen, und es kam zu Tauschgeschäften. Oft wurde die Frage gestellt, wo man solche Sprüche finden und nachlesen könne.

Sprüche sollen kurz sein und für sich sprechen.*[2]

Deswegen gibt es hier auch nur eine recht kurze Vorrede.

Das Lesen von Aphorismensammlungen ist einerseits unterhaltsam und andererseits doch ein anstrengender Job, sogar für einen Fan von Sprüchen. Ein Aphorismus am anderen – auch noch so geistreich – kann schnell ermüden.
Paradoxerweise gilt sogar:

Je besser eine Aphorismensammlung, desto schneller ermüdet sie.

Als brillantester Aphoristiker unserer Zeit gilt Stanislaw Jerzy Lec aus Polen. Trotzdem ist er in diesem Buch nur selten zitiert. Seine berühmte Aphorismensammlung *Unfrisierte Gedanken* ist eine Abfolge von so geistreichen Sprüchen, dass es mir nicht gelang, einzelne besonders gute anzukreuzen. Ich hätte auch gleich das ganze Buch abtippen oder einscannen lassen können. Aber durch die Intensität der Sprüche und das, was sie an Nachdenken anstoßen, kann zumindest ich in den *Unfrisierten Gedanken* nicht lange lesen.
Das ist etwa, wie wenn man 1 kg beste Pralinen geschenkt bekommt. Auch wenn der Appetit darauf noch so groß ist, man kann auf einen Schlag nur einen kleinen Teil davon essen. Noch mal anders gesagt:

Je kompakter und kalorienreicher ein Energieriegel für Sportler ist, desto weniger davon kann man auf einmal essen.

Deswegen sind die Sprüche in diesem Buch auch **fett** gedruckt.

Der (im Moment) noch weitgehend unbekannte Aphoristiker Michael Marie Jung schreibt:

Auch eine gesunde geistige Nahrung verzichtet nicht auf Ballaststoffe.

Aus diesem Grunde gibt es in diesem kleinen Buch immer mal wieder kurze Anekdoten oder auch Nonsense, sodass selbst bereits geneigte Leser längere Zugfahrten ohne einzuschlafen überstehen können. Denn ohnehin gilt:

Alles auf der Welt hat seine Bedeutung, die weit über dieselbige hinausgeht.

Was will dieses Buch?

Das Aha!-Handbuch ist eine Sammlung von über 800 meist witzigen, oft verblüffenden und manchmal ernsten Sprüchen. Es erscheint im Format der beiden *Ha-Handbücher (der Psychotherapie* bzw. *der Witze zu Hypnose und Psychotherapie).* Die Sprüche sind überwiegend witzig (bis hin zum Nonsense), das Buch ist jedoch ernsthafter und anwendungsorientierter als die beiden Witzbücher.
Mit seiner Auswahl von Sprüchen, die ich über die Jahrzehnte hinweg gesammelt habe, soll es einerseits unterhalten und Spaß machen, andererseits aber auch zeigen, wie Sprüche in verschiedenen Kontexten – etwa in Therapien, Beratungen, in der Erziehung, in Reden und Ansprachen oder sogar während Hypnosesitzungen – gezielt eingesetzt werden können. The-

rapeuten, Ärzte, Berater oder auch Redenschreiber können hier also gleichermaßen fündig werden.
Zu Beginn gibt es – schon garniert mit ersten Sprüchen – etwas Theorie: Definitionen und Hintergründiges sowie die Erklärung, warum einige wenige Sprüche mehrfach in dem Buch auftauchen. Alle, die sich „nur“ unterhalten lassen wollen, seien zum Einstieg beim Kapitel „Vom Umgang mit sich“ auf S. 32 eingeladen.

Zum Hintergrund der Anwendungsbeispiele

Im Buch gibt es immer wieder Demonstrationen dessen, wie Sprüche in Therapien und Beratungen effizienzsteigernd eingesetzt werden können.
In meiner therapeutischen Praxis und damit auch in diesem Buch orientiere ich mich an der Hypnotherapie von Milton Erickson, an der systemischen Familientherapie und den von Erickson abgeleiteten ressourcen- und lösungsorientierten Ansätzen. In einzelnen Elementen verwende ich tiefenpsychologische und – vor allem in der Stottertherapie – auch verhaltenstherapeutische Modelle.
Der Kölner Medizinprofessor und Aphoristiker Gerhard Uhlenbruck sagt:

Sprichwörter sind sprachliche Summenformeln für Erfahrungen.

So wie ein Sprichwort die Erfahrungen früherer Generationen kondensiert summiert, so habe ich in den Anwendungsbeispielen versucht, therapeutische und beraterische Abläufe sehr verdichtet zu summieren. Die Gespräche haben in dieser verkürzten Form so nicht stattgefunden. Ich verwende Sprüche zwar häufig in meinen Therapiegesprächen, aber doch bei weitem nicht in dieser kurzen Abfolge wie in den Beispielen dieses Buches.

Zu Wiederholungen in diesem Buch

Einige wenige Sprüche in diesem Buch tauchen mehrfach auf. Das ist Absicht.
Dazu könnte man zuallererst eine alte Sufi-Weisheit anmerken:

Durch Wiederholung gewinnst du mehr, als du glaubst.

Schon rund 50 v. Chr. hat Horaz dazu gesagt:

Zum zehnten Mal wiederholt, wird es gefallen.

Vom englischen Filmregisseur Peter Greenaway stammt die poetische Aussage:

Es ist schön, immer mit derselben Frau zu schlafen und immer Erdbeeren im Juni zu essen. Einige unserer wichtigsten Lebenserfahrungen basieren auf Wiederholung.

Ich habe versucht, mich in diesem Buch nicht zu oft zu wiederholen, sondern habe mich eher an F. Bondy gehalten:

Es ist besser, sich oft zu widersprechen, als sich oft zu wiederholen.

Dass dabei große Kunst herauskam, glaube ich eher nicht.
Zarko Petan jedenfalls meint:

Die Kunst ist die Wiederholung dessen, was noch niemand gemacht hat.

Zusammengefasst: Ich wollte bei den wenigen sich wiederholenden Sprüchen demonstrieren, wie sie in unterschiedlichen Situationen eingesetzt werden können.

Gebrauchsanweisung für das Lesen dieses Buchs

Sie können das Buch entweder häppchenweise genießen, einfach diagonal schmökern oder eventuell auch einmal nur die fett gedruckten Sprüche lesen und alles andere überspringen.
Den Rest überlasse ich den Lesern.

Das Gesicht ist dir gegeben, lachen musst du selbst.

umgeben von spielenden Kindern,
die staunend beobachten,
was ein einzelner Verrückter
an einem wunderschönen Südseestrand
mit einem Laptop treibt

Bernhard Trenkle
Manase/Samoa, September 2003

Aphorismen und Sprüche – Therapie und Beratung

In diesem Buch werden viele, meist witzige Sprüche und Aphorismen verwendet.
Was sind Aphorismen?
Schaut man im Wörterbuch nach, findet man dort Definitionen wie „prägnanter Sinnspruch". Das Wort kommt aus dem Griechischen und hatte dort die Bedeutung: „Abgrenzung, Unterscheidung, Lehrsatz". Hippokrates hatte in Aphorismen das ganze damalige medizinische Wissen über Krankheiten und Therapie zusammengefasst. Die Idee war, das Wissen so in prägnante Sätze zu fassen, dass es leicht im Gedächtnis haften bleibt. Das wurde über die Jahrhunderte immer wieder getan, und 1709 hat ein holländischer Medizinprofessor, Jakob Boerhave, letztmalig versucht, alles medizinische Wissen in Aphorismen zusammenzufassen. Später wurde diese Methode dann auch für andere Gebiete wie Jura, Philosophie und Kunst übernommen.
Heute werden Aphorismen vielfältig genutzt, um Themen von Interesse humorvoll, geistreich, satirisch bis hin zu bissig zu kommentieren. Die Hoffnung des Aphoristikers dabei ist, Sätze so prägnant zu formulieren, dass sie im Gedächtnis bleiben und Langzeitwirkung entfalten.
Viele Aphoristiker haben auch Aphorismen zum Thema Aphorismen geschrieben. Der Sprichwortforscher Wolfgang Mieder hat dazu 2002 eine überragende Sammlung mit rund 750 Aphorismen publiziert.[3]

Die Aphorismen im folgenden kleinen Theorieteil sind weitgehend dieser Sammlung von Mieder entnommen. Dort finden sich auch die bibliographische Angaben zu diesen Sprüchen. Überhaupt, wer Grundlegendes über Aphorismen, Sprichwörter und auch über die Aphoristiker erfahren möchte, sollte sich an die Schriften von Wolfgang Mieder halten. Zum Thema Sprichwörter ist im deutschsprachigen Bereich Lutz Röhrich aus Freiburg eine Autorität.
Im Folgenden nun einige Überlegungen zum Verhältnis von Sprichwörtern, Aphorismen und Witzen zu Psychotherapie und Beratung.

Gerhard Uhlenbruck formuliert:

Sprichwörter kann man auch als psychotherapeutischen Teil einer Erfahrungsheilkunde betrachten.

Und:

Ein Aphorismus ist psychologische Philosophie in einem Satz.

Der aus der ehemaligen Tschechoslowakei stammende Aphoristiker Gabriel Laub sagt:

Es gibt gute politologische, soziologische oder psychologische Bücher, die auf 600 Seiten fast so viel sagen wie ein Witz.

Ich muss wohl kaum erwähnen, dass mich dieser Aphorismus als Witzbuchautor besonders freut.

Vom Prinzip der Nichtwiederholung

Gabriel Laub schreibt:

Der Aphorismus hat vor jeder anderen Literaturgattung den Vorteil, dass man ihn nicht weglegt, bevor man ihn nicht zu Ende gelesen hat.

Milton Erickson betrachtete es als einen seiner wichtigen Beiträge zur Technik einer neuen Hypnose, Sprachformen entwickelt zu haben, die die früheren ständigen Wiederholungen der Suggestionen überflüssig machten.
John F. Kennedy musste seinen berühmten Satz

Ich bin ein Berliner

nicht wiederholen. Einmal gesagt, blieb er im Gedächtnis und entfaltet emotionale Wirkungen noch Jahrzehnte später.
Gerhard Uhlenbruck definiert:

Ein Aphorismus ist der Versuch, über eine Sache einmal in einem Satz das letzte Wort zu sprechen.

Zu Wiederholungen in diesem Buch

Einige wenige Sprüche in diesem Buch tauchen mehrfach auf. Das ist Absicht.
Dazu könnte man zuallererst eine alte Sufi-Weisheit anmerken:

Durch Wiederholung gewinnst du mehr, als du glaubst.

Schon rund 50 v. Chr. hat Horaz dazu gesagt:

Zum zehnten Mal wiederholt, wird es gefallen.

Vom englischen Filmregisseur Peter Greenaway stammt die poetische Aussage:

Es ist schön, immer mit derselben Frau zu schlafen und immer Erdbeeren im Juni zu essen. Einige unserer wichtigsten Lebenserfahrungen basieren auf Wiederholung.

Ich habe versucht, mich in diesem Buch nicht zu oft zu wiederholen, sondern habe mich eher an F. Bondy gehalten:

Es ist besser, sich oft zu widersprechen, als sich oft zu wiederholen.

Dass dabei große Kunst herauskam, glaube ich eher nicht.
Zarko Petan jedenfalls meint:

Die Kunst ist die Wiederholung dessen, was noch niemand gemacht hat.

Zusammengefasst: Ich wollte bei den wenigen sich wiederholenden Sprüchen demonstrieren, wie sie in unterschiedlichen Situationen eingesetzt werden können.

Von Eindrücken, die einen Druck machen

Gabriel Laub sagt:

Traum des Aphoristikers: dass seine Aphorismen noch hundert Jahre später auf Zensurschwierigkeiten stoßen.

Nach einer für mich sehr überraschenden Intervention, als ich vor ca. 20 Jahren mit einem eigenen Problem eine Therapeutin aufsuchte, ging mir durch den Kopf:

Eine gute therapeutische Intervention ist eine, die man nicht mehr loswird, selbst wenn man wollte.

Viele therapeutische Interventionen, die ich später von bekannten Therapeuten sah, schienen diese Wirkung zu haben. Die Provokationen eines Frank Farrelly oder die Sätze und Setzungen von Bert Hellinger während seiner Aufstellungsarbeit waren oft so überraschend, dass Klienten wie Seminarteilnehmer unvergessliche Eindrücke mitnahmen.
Uhlenbruck schreibt dazu:

Manche Aphorismen führen die Dinge ad absurdum, sodass einem das Lachen wie ein Kloß im Halse stecken bleibt, den man erst einmal verdauen muss.

Martin Kessel spricht vom „Radius des Alarms", den Gebilde aphoristischer Art auslösen können.

Bei Gebilden aphoristischer Art, auch bei Sprüchen, Epigrammen, Glossen und Essays, handelt es sich nicht in erster Linie um Wahrheit, auch nicht um hal-

be, schiefe oder auf den Kopf gestellte Wahrheit, es handelt sich um Erfahrung, Erleuchtung, Einfall, Laune, Witz, es handelt sich darum, den Nerv einer Sache zu treffen, wodurch die Vorstellungskraft alarmiert wird. Je besser die Treffsicherheit, umso größer der Radius des Alarms.[4]

Ähnliches könnte man auch für manche Typen therapeutischer Interventionen formulieren.
Michael Augustin fügt zu solchen Gedanken an:

Epigramme sind geflügelte Worte, die versuchen, stets abzustürzen, damit sie wenigstens den größtmöglichen Schaden anrichten.

Vom Potenzproblem des Kurzzeittherapeuten

Hans Kudszus definiert:

Jeder Aphorismus ist das Amen einer Erfahrung.

Marie von Ebner-Eschenbach schrieb schon vor mehr als 100 Jahren:

Ein Aphorismus ist das letzte Glied einer langen Gedankenkette.

Zusammengefasst kann man sagen:

Ein therapeutischer Aphorismus kann ein Amen sein, das letzte Glied einer langen therapeutischen Arbeit.*

Andererseits gilt in der Therapie und Beratung aber auch:

Ein Aphorismus kann das erste Glied einer (neuen) langen Gedankenkette sein.*

Also:

Ein Aphorismus kann innere Suchprozesse auslösen, kann eine alte, rigide Gedankenkette aufbrechen.*

Mautner vergleicht die Wirkung von Aphorismen mit dem **„Aufreißen einer Aussicht auf nebelverhülltes Gebiet“**. Das ist das Gegenteil von:

Es fiel ihm wie Schuppen vor die Augen.

Wolfdieter Schnurre meint:

Der Aphorismus versucht, der Wahrheit so nahe wie möglich zu kommen. Dicht vor ihr jedoch macht er Halt. Ginge er weiter, müsste er auf die Pointe verzichten. Denn die Wahrheit hat nun mal keine.

Ein Schwerpunkt moderner, lösungsorientierter, systemischer oder hypnotischer Therapie liegt darin, dem Klienten Denkanstöße zu geben, ein erstes Glied oder mehrere Anfangsglieder einer neuen Gedankenkette oder Lebensgliederung anzubieten. Sein Leben leben muss der Patient selbst.
Es gibt therapeutische und beraterische Situationen, in denen man analog zu Wolfdieter Schnurre sagen könnte:

Eine gute therapeutische Intervention versucht, einem Handlungsimpuls aufseiten des Klienten möglichst nahe zu kommen, ohne ihn direkt zu suggerieren oder gar anzuordnen. Ginge man weiter, hätte

man das Ziel verfehlt: die Eigenständigkeit des Klienten.*

Ich erinnere mich an zwei Aussagen von Milton Erickson, die sinngemäß lauten:

Die Therapie soll aufs Leben fokussiert sein und nicht das Leben auf die Therapie.

Und:

Dass jemand in Therapie geht, ist das Problem; dass man ihn so schnell wie möglich aus der Therapie herausbekommmt, ist die Lösung.[5]

Unter Berücksichtigung der in Fußnote 5 genannten Einschränkung könnte man sagen:

Das Potenzproblem des Aphoristikers: Je kürzer, desto besser.
(Hanns-Hermann Kersten)

Das Potenzproblem des Kurztherapeuten: Je kürzer, desto effizienter.*

Von der Länge der Kürze

Es gibt eine Anekdote, in der ein amerikanischer Präsident gefragt wird, wie lange er benötige, um eine einstündige Rede vorzubereiten. Die Antwort war: fünf Minuten. Der erstaunte Frager will dann wissen, wie lange es dann dauert, um eine fünfminütige Rede vorzubereiten. Die Antwort auf diese Frage: mehr als eine Stunde.

Dem französischen Mathematiker und Philosophen Blaise Pascal wird der Satz zugeschrieben:

Ich schreibe Dir einen langen Brief, für einen kurzen habe ich keine Zeit.[6]

Klaus D. Koch steuert gleich zwei Aphorismen zu diesem Thema bei:

Natürlich ist das Schreiben von Aphorismen ein Zeitproblem. Hätte man mehr Zeit, wären sie kürzer.

Ein Aphoristiker kann sich kürzer fassen als andere und nimmt sich sehr viel Zeit dafür.

Könnte man das auch abwandeln?

Ein guter Kurzzeittherapeut/Arzt kann kürzer behandeln als andere und nimmt sich sehr viel Zeit dafür.*

Natürlich ist gute Therapie ein Zeitproblem. Hätte man mehr Zeit, wäre sie kürzer.*

„Nimmt sich sehr viel Zeit dafür“ kann auch heißen „nahm sich sehr viel Zeit dafür“. Die viele Zeit, die sich ein Arzt, Therapeut oder Berater in früheren Therapien genommen hat, die Zeit, die in Fortbildungen und Übungen investiert wurde, steht in späteren Therapien als Berufs- und Lebenserfahrung therapieverkürzend zur Verfügung.
Der Hypnotherapeut Stephen Gilligan ergänzt dies noch um den Aspekt des flexiblen Eingehens auf die jeweils einzigartige individuelle Situation, die jede Therapiestunde aufs Neue bietet:

Ein guter (Hypno-)Therapeut bereitet sich gut vor und bereitet eine Therapiestunde gut nach.
In der Stunde vergisst er am besten alles.

Milton-Modell und Metamodell

John Grinder, Linguistikprofessor und Mitbegründer des NLP, hat Milton Ericksons genialen Umgang mit Sprache analysiert.
Er sprach dabei vom Milton-Modell als einer Sprachform, die viele Nominalisierungen wie „Neugier, Hoffnung, Erwartung, Wohlbefinden“ usw. verwendet – eine Sprache, die sehr vage ist. Diese Sprache lässt dem Klienten ein Maximum an Möglichkeiten, diese Wörter bzw. Worte mit eigenen Bildern, Inhalten, persönlichen Zielen und Motiven etc. zu füllen.
Im Gegensatz dazu spricht Grinder von einem Metamodell, über das durch entsprechende Fragen das Unbestimmte und Vage in Aussagen präzisiert werden kann.
Politiker benutzen eher das Milton-Modell: ein hohes Maß an Offenheit und Auslegbarkeit in den Aussagen. Auch Aphoristiker haben sich dazu geäußert. Gerhard Uhlenbruck sagt:

Ein Aphoristiker will mit wenig Worten viel sagen, ein Politiker dagegen will mit viel Worten möglichst wenig sagen.

Elazar Benyoetz definiert kurz und knapp:

Rhetorik – Sprachgewalttätigkeit.

Gabriel Laub formuliert einen Gedanken, der einen Teilaspekt der Wirksamkeit der Hypnosprache anklingen lässt:

Die Präzision der Sprache beruht darauf, dass Wörter nicht präzis sind.

Michael Marie Jung beschäftigt sich direkt mit diesem Phänomen:

In vager Sprache liegt die Kraft,
die spielend Suggestionen schafft.

Und:

Hoffen lassen Worte, die es offen lassen.

Binsenwahrheiten

Manche Sprüche und Sprichwörter sind regelrechte Binsenwahrheiten. Gerhard Uhlenbruck meint:

Binsenwahrheiten sind die, welche recht schnell in die Binsen gehen.

Damit die Binsenwahrheiten übers Vergessen nicht schnell in die Binsen gehen, hat es Sinn, Sprüche und Binsenwahrheiten verblüffend zu variieren. Die Variationen bleiben besser hängen und entfalten Wirkung.
Deswegen gilt, was Uhlenbruck sagt:

Der Aphorismus ist eine bewusst mit geistreicher Ironie verfremdete Lebensregel.

Sehr viele in diesem Buch enthaltene Sprüche basieren auf diesem Prinzip der Verfremdung von Vertrautem.

Widersprüche

Das Leben genauso wie die sich darauf beziehende Therapie, Beratung und Betreuung ist oft paradox und widersprüchlich.
Jaqueline Jost schreibt:

Nur der findet Sprüche, dem die Widersprüche bekannt sind.

Der Klient, der diese „Widersprüche-Sprüche" hört, findet sich und die eigenen Widersprüche gespiegelt. Arthur Hafink beleuchtet einen weiteren Aspekt, der dabei manchmal eine Rolle spielen kann:

Das Wesen des Spruchs ist die Erregung, auch die Erregung des Widerspruches.

Dabei gilt letztlich als therapeutisches Ziel:

Aus Widersprüchlichkeit und Doppeldeutigkeit soll wieder Eindeutigkeit werden.*

Oft ist es allerdings nicht mit Sprüchen allein getan. André Brie meint:

Widersprüche löst man nicht mit immer wieder Sprüchen.

Einige Definitionen zu Aphorismen, Sprichwörtern, Maximen

Gerhard Uhlenbruck hat mehrere geistreiche Aphorismen zum Verhältnis von Sprichwörtern und Aphorismen geschrieben.

Aphorismenschreiben ist die individuelle Art, Redensarten und Sprichwörter aufgrund eigener Erfahrung auszulegen.

Ein Sprichwort kann durch einen Autor so variiert werden, dass es zum Aphorismus wird, während ein Aphorismus so allgemein gültig verändert werden kann, dass aus ihm eine sprichwörtliche Redensart entsteht.

Sprichwörter sind sprachliche Summenformeln für Erfahrungen.

Aphorismen sind geklügelte Worte in Form von Kernsätzen, wie in einem Zellkern enthalten sie auf kleinstem Raum ein Maximum an Information.

Aphorismus ist die klügere Schwester des Sprichwortes.

Lebensregeln sind Regeln, die ein Leben regelmäßig regeln – oder verriegeln.

Auch andere Autoren haben sich zu diesem Thema geäußert:

Der Aphorismus ist das noch nicht zum Sprichwort gewordene Sprichwort.
(Werner Ehrenforth)

Auch die Aphoristik hat ihre Folklore: die Sprichwörter.
(Jaques Virion)

Sprichwörter leuchten ein, Aphorismen leuchten auf.
(Felix Pollak)

Respekt vor dem Gemeinplatz: Er ist seit Jahrhunderten aufgespeicherte Weisheit.
(Marie von Ebner-Eschenbach)

Vom Umgang mit Widerständen

In vielen Situationen sind Klienten für direkte Ratschläge nicht zugänglich. Privatideologische Vorbehalte können auch noch so gut gemeinte Ideen ins Leere laufen lassen. Der Hypnotherapeut sieht hier unter Umständen Indikationen für indirektes Arbeiten mit Geschichten, Metaphern, aber auch für die Nutzung hypnotischer Phänomene wie Amnesie.
Ulrich Erckenbrecht bringt einen wichtigen Teilaspekt des Problems witzig auf den Punkt:

Maximen sind Aphorismen in Form von Verhaltensregeln. Da aber den meisten Menschen nicht zu raten ist, ist fast alle Maximenschreiberei „preaching to the Holzwand".

Derselbe Erckenbrecht formuliert, wie es in geglückten therapeutischen Situationen aussehen kann:

Geglückte Aphorismen nutzen Gedankenblitze zur Herstellung geistiger Energie.

Wenn solche Sprüche für den Klienten dauerhaft neuen Sinn stiften, könnte im günstigen Falle gelten, was Ron Kritzfeld in seinem *Flexikon* formulierte:

Sinnsprüche sind nicht nur Notgroschen für schlechte Zeiten, gepflegt sind sie Vermögen für das ganze Leben.

Vom Umgang mit sich

Womit fängt man so ein Buch an? Vielleicht mit dem Menschen?

Der Mensch steht im Mittelpunkt – und somit sich und allem im Wege.

Und somit beginnt dieses Buch mit einigen Sprüchen zu unserem oft widersprüchlichen Innenleben.

Wer bin ich, und wenn ja, wie viele?[7]
(Gunther Schmidt)

Es gibt Teile in mir, die haben sich noch nicht das Du angeboten.
(Michael Marie Jung)

Das Schwierigste am Leben ist es, Herz und Kopf dazu zu bringen zusammenzuarbeiten. In meinem Fall verkehren sie noch nicht mal auf freundschaftlicher Basis.
(Woody Allen)

Nur der Oberflächliche kennt sich selbst.
(Oscar Wilde)

Ich bin eigentlich ganz anders, aber ich komme selten dazu.
(Ödön von Horvath)

Stell dir vor, du gehst in dich, und keiner ist da.
(Bernhard Trenkle)

Jeder hat eine Heimat – in sich selbst. Und ist dort ein privilegierter Ausländer.
(Gabriel Laub)

Auch der innere Mensch hat Stellen, an denen er sich nicht selber kratzen kann.
(Karl-Heinrich Waggerl)

Ein großer Mensch pflegt vornehmen Umgang – auch mit sich selbst.
(Hans-Christoph Neuert)

Wenn man das alles bedenkt, wundert es einen eher nicht, dass mal jemand gesagt hat:

Greifen Sie sich nachdenklich und aufrichtig an den Kopf, und Sie werden gleich spüren, wo Sie der Schuh drückt.

Sprüche – in jeder Beziehung wichtig?

Der einzelne Mensch mit seinem komplexen Innenleben ist nicht so gerne alleine. Und das ist auch gut so, denn:

Es ist gut, dass es die Ehe gibt, sonst müssten wir womöglich ein Leben lang gegen völlig wildfremde Menschen kämpfen.

Nur – das Problem mit der Ehe ist:

Die Frau heiratet und hofft, dass ihr Mann sich ändert.
Der Mann heiratet und hofft, dass seine Frau so bleibt, wie sie ist.

Und so diskutieren und kämpfen Partner Jahr für Jahr.

Sie: **Partnerschaft heißt nicht, dass der Partner schafft.**
Er: **Partnerschaft heißt nicht, dass man den Partner schafft.***

Könnte man sich nicht manchmal fragen:

Ist Ehe die Abkürzung für *Errare humanum est*?

Vor einigen Jahrzehnten hat einmal ein Büttenredner auf der Karlsruher Fasnet die folgende tröstliche Erklärung abgeben:

38 Jahre bin ich mit meiner Emma zusammen. Aber die ersten vier Wochen möchte ich nicht missen, gell!

Gemäß langjährigen empirischen Untersuchungen des Autors lachen Männer über diese Büttenreden-aussage wesentlich herzlicher als Frauen.
Vielleicht hat deshalb eine Frau versehentlich gesagt:

Trauring, aber wahr.[8]

Scheiden tut weh

Vor einigen Jahren habe ich den Vorschlag gelesen, man müsste bei den heutigen Scheidungsraten eigentlich die Scheidungen erleichtern und dafür das Heiraten erschweren.
Das hat auch der österreichische Dramatiker Ludwig Anzengruber schon Ende des 19. Jahrhunderts angedacht:

Man sollte wirklich nur die zusammenleben lassen, die ohne einander sterben würden.

Vom bekannten parodistischen Spruch,

Drum prüfe, wer sich ewig bindet,
ob sich nicht doch was Bessres findet,

gibt es Varianten:

Drum prüfe, wer sich ewig trennt,
ob er denn schon was Bessres kennt.

Oder:

Drum prüfe, wer sich ewig schindet ...

Sowohl für private Beziehungen wie auch für die Fusionswelle in der Weltwirtschaft existiert ein markanter Satz:

Was Gott getrennt hat, soll der Mensch nicht wieder zusammenfügen.

Sie: Muss ich mir wegen dieser jungen Kollegin im Team Sorgen machen?

Er: Solange du mich abends beten hörst:

Und führe uns nicht in Versuchung,

ist alles o. k. Problematisch wird es erst, wenn ich bete:

Und suche uns nicht in der Unterführung.

Sie: Ich habe neulich gelesen:

Auch Männer haben Wechseljahre.

Als Mann in deinem Alter solltest du auch darauf achten, nicht beten zu müssen:

Und führe uns nicht ad absurdum.

Von den Stärken und Schwächen sehr viel jüngerer Lebenspartner

Was sagt der lebenserfahrene Mann, wenn ein Freund ihn mit den Worten warnen möchte: „Merkst du eigentlich nicht, dass deine so viel jüngere, nette Frau dich gleich mit zwei Liebhabern betrügt?"

Altes Geschäftsprinzip: Lieber mit einem Drittel an einer erstklassigen Sache beteiligt als zu 100 Prozent an einer schlechten.

Was sagt die lebenserfahrene Frau, die von ihrer Freundin so gewarnt wird: „Merkst du eigentlich nicht, dass dein adretter, junger Mann dich mit einer anderen betrügt?"
Sie antwortet mit Gabriel Laub:

Lieber ein Mann mit einer Schwäche *für* Frauen als ein Mann mit einer Schwäche *bei* Frauen.

Gabriel Laub war es auch, der (einen der) Hintergründe dieser Thematik beleuchtet hat:

Jeder Mann braucht im Leben drei Frauen: die Mutter, die Gattin – und wenigstens eine, die ihn für einen Mann hält.

Von der Demut und Bescheidenheit

Meine Demut ist mein ganzer Stolz.

Oder:

Meine allergrößte Tugend ist meine übergroße Bescheidenheit.

Und doch:

An der Spitze stehen ist mir immer noch zu weit hinten.

Und in diesen Zusammenhang: Vom französischer Schriftsteller des 17. Jahrhundert Jean del la Bruyère stammt nicht (wie man vielleicht denken könnte):

Der Rahm von heute ist der Käse von morgen.

Sondern:

Bescheidenheit ist die letzte Raffinesse der Eitelkeit.

Der bekannte österreichische Schriftsteller Arthur Schnitzler, der am Anfang seiner Karriere als Arzt mit Hypnose gearbeitet hat und darüber auch publizierte, formulierte einen ähnlichen Gedanken:

Hüte dich vor Bescheidenen; du ahnst nicht, mit welch gerührtem Stolz sie ihre Schwächen hegen.

Und Winston Churchill sagte:

Wir sind alle Würmer, nur glaube ich, dass ich ein Glühwürmchen bin.

Bert Hellinger formuliert einen überraschenden Gesichtspunkt:

Es gibt auch eine Demut zur Größe.

Er meint damit, dass es Demut erfordern kann, die eigene Größe und Stärke anzunehmen und zu leben.

Langsamer ist schneller

Aus einem Beratungsgespräch:

Ihr Arzt macht sich Sorgen, dass Sie nach Ihrer Krankheit zu schnell in die Vollen gehen wollen. Sie haben durch Ihre Krankheit zwar viel Zeit und viel Geld verloren. Und doch, es gibt Situationen, in denen gilt:

Langsamer ist schneller.

Und:

Kutscher, fahre langsam, ich habe es eilig.

Manche sagen auch:

Besser 'ne ordentliche Ruhepause als 'ne pausenlose Unruhe.

Denn:

Überlegen macht überlegen.

Und:

Wenn man am Abgrund steht, ist Vorbeugen nicht mehr besser als Heilen.

Und außerdem – ich weiß nicht, ob Sie schon gehört haben:

Bienen sind gar nicht so fleißig, sie können nur nicht langsamer fliegen.

Lieber langsam zum Ziel als schnell umhergeirrt

Bertrand Piccard und Brian Jones waren die Ersten, die die Erde mit einem Ballon umrundeten. Piccard, Psychiater und erfahrener Hypnosetherapeut, berichtete in einem Vortrag, wie sie in einer Phase des Fluges sehr schnell vorankamen. Von den Wetterbeobachtern kam die Aufforderung, tiefer zu sinken und langsamer zu fliegen. Die Ballonfahrer waren von dieser Idee nicht begeistert. Sie waren gerade so schön in Fahrt.
Über Funk kam vom Boden dann der Kommentar:

Wollt ihr schnell in die falsche Richtung fliegen oder langsam in die richtige?

Therapeut: Gibt es an diesem großen Arbeitsplatz wirklich keinen Mann, der für Sie interessant wäre?

Klientin: Da gäbe es schon jemand, aber so ein Mann interessiert sich natürlich nicht für jemand wie mich.

Therapeut: Das klingt ja beinahe wie bei den Marx-Brothers:

Ich will keinem Verein beitreten, der mich als Mitglied akzeptiert.

Die bekannte Familientherapeutin Virginia Satir sagte einmal sinngemäß:

Die Wurzel aller Beziehungsprobleme liegt im gestörten Selbstwertempfinden.

In Ihrem Fall gilt deswegen ausnahmsweise:

Eigenlob stimmt.

Oder auch, wie Oscar Wilde sagte:

Sich selbst zu lieben ist der Beginn einer lebenslangen Romanze.

Langfristiges Projektziel ist, morgens in den Spiegel zu schauen und ganz still für sich zu denken:

Mich kennen heißt mich lieben.

Beim Hausarzt

Für Ihren Langstreckenflug wie auch generell für Sie gilt: Regelmäßig und viel trinken. Denken Sie daran:

Der Klügere kippt nach.

Opium und Kalium für Herz- und Schmerz

Hypnose ist nach wissenschaftlichen Untersuchungen bei Schmerz wirksamer als die stärksten Schmerzmittel.
Ohnehin ist bei Medikamenten wegen möglicher Nebenwirkungen Vorsicht geboten, denn:

Gibst du Opi Opium, bringt Opium den Opi um.

Und wie sagte der Kardiologe: „Zur Stabilisierung Ihres Herzrhythmus nehmen Sie regelmäßig Magnesium und Kalium."

Der Kalli nahm kein Kalium, und gleich fiel unser Kalli um.*

Fragezeichen und Komma

Manchmal ändern sich Sätze merklich durch ein Satzzeichen. Nehmen wir den Satz:

Wo waren wir stehen geblieben?

Verschieben wir das Fragenzeichen etwas.

Wo waren wir? Stehen geblieben!*

Erinnert das an Sitzungen in Gremien? Lässt sich der Satz so ab und zu in Gremien und gar in Beratungsgesprächen nutzen?
Der Komödiant Jess Jochimsen veränderte den bekannten Satz:

Friss, Vogel, oder stirb,

auf einfache Art und Weise:

Friss, vögel oder stirb.

Fingerabdruck und Hammer

Der amerikanische Pionier moderner Hypnose und lösungsorientierter Psychotherapie, Milton Erickson, postulierte:

Jeder Patient ist so einzigartig wie sein Fingerabdruck.

Erickson war der Meinung, man müsste eigentlich für jeden eine eigene Form von Therapie erfinden und ihn nicht nach einem theoretischen Standardschema behandeln.

Denn:

Wer einen Hammer als einziges Werkzeug hat, für den sieht alles nach einem Nagel aus.

Zu diesem Satz gibt es auch eine Variante für Tiefenpsychologen:

Wer einen Schraubenschlüssel als einziges Werkzeug hat, für den sieht alles nach Muttern aus.

Zwar gilt manchmal auch für lösungsorientierte Therapeuten:

Ich hatte eine Lösung, sie passte aber nicht zu meinem Problem.

Und doch:

Vielfalt ist besser als Einfalt.*

Nicht zu vergessen ist in diesem Zusammenhang auch ein zentrales Grundrecht:

Das Recht auf Eigentümlichkeit ist unantastbar.

It's nice to be a Preuß

Milton Erickson überraschte deutsche Gäste mit dem Spruch:

It's nice to be a price, but it's higher to be a buyer.

Kürzlich fand ich eine Erweiterung:

It's nice to be a Preuß and it's higher to be a Bayer, but it is a Gottesgab to be a Schwab.

Als Badenser bleibt mir da nur in resignativer Bescheidenheit:

Es gibt Badische und Unsymbadische.

Mache viele Fehler!

Milton Erickson war der Vater und Ausgangspunkt der ressourcen- und lösungsorientierten Ansätze in Therapie und Beratung. Einem seiner Schüler schrieb er als Widmung in ein Buch:

Mache viele Fehler und lerne daraus!

Das erinnert an Ingrid Steeger, die in der legendären Fernsehsendung *Klimbim* sagte:

Aus Fehlern wird man klug, drum ist einer nicht genug.

In letzter Konsequenz führt dies dann zu:

Wenn wir aus unseren Fehlern lernen, dann muss ich bald ein Genie sein.

Die berühmte Aphoristikerin Marie von Ebner-Eschenbach betont einen etwas anderen Schwerpunkt:

Viele Leute glauben, wenn sie einen Fehler erst eingestanden haben, brauchen sie ihn nicht mehr abzulegen.

Währenddessen der Physiker Werner Heisenberg meint:

Ein Fachmann ist ein Mann, der einige der größten Fehler kennt, die man in dem betreffenden Fach machen kann, und sie deshalb zu vermeiden versteht.

Jean Paul merkt an:

Die schlimmsten Fehler werden gemacht in der Absicht, einen begangenen wieder gutzumachen.

Winston Churchill weist auf eine wichtige Zeitdimension in Bezug auf Fehler hin:

Es ist ein großer Vorteil im Leben, die Fehler, aus denen man lernen kann, möglichst früh zu begehen.

Vorsichtig bedenken sollte man allerdings den Hinweis von Michael Marie Jung:

Vereinzelte Fehler sind Lernchancen, häufige ein Kündigungsgrund.

Jedoch selbst wenn alles schief geht, ist zu guter Letzt immer noch tröstlich:

Keiner ist so schlecht, dass er nicht wenigstens als schlechtes Beispiel dienen kann.

Das Karikieren von Werbesprüchen oder das Erfinden von Pseudoslogans ist schon seit Jahrzehnten üblich. Manchmal betrifft dies Automarken, die man heute nur noch im Technikmuseum sieht:

Wer den Tod nicht scheut, fährt Lloyd.

Oder Produkte aus der Kindheit wie:

Einer ruft's dem andern zu: Ich trink' Kaba, wann stirbst du?

Oder bekannte Zigarettenmarken:

Sterben muss man sowieso, schneller geht's mit Marlboro.

Das Desaster mit dem „Elchtest“ hat zu einem witzigen Spruch geführt:

Wussten Sie schon, dass Mercedes-Benz weltweit der einzige Autohersteller ist, der sowohl im Lkw- als auch im Pkw-Bereich Kipper baut?

Auch wichtige Themen wie die Probleme mit der atomaren Endlagerung werden aufgegriffen:

Warum darf man keinen Atommüll in den Weltraum schießen?
Mars bringt verbrauchte Energie sofort zurück.

Zum Thema Küssen habe ich gleich zwei Sprüche gefunden:

Lass mich dein Labello sein.

Labello – und kein Kuss quietscht mehr.

Weitere Beispiele mit einer gewissen Originalität:

Hast du Pepsodent im Ohr, kommt dir manches leiser vor.

Nehmen Sie Dentagard, damit Sie auch morgen noch kräftig ins Gras beißen.
(Angelika Franz)

Cola mit Aroma hebt den Opa auf die Oma.

Ich hab die Kantine satt, ich esse nur noch Kitekat.

Getränke – eiskalt serviert

Liberté, Egalité, Pfefferminztee.

Oder:

In vino veritas, cafetas oder teetas – das ist uns heute ganz egal.

Von der Schlagfertigkeit und von Katern

Vor einiger Zeit habe ich eine interessante Definition von Schlagfertigkeit gehört:

Schlagfertig ist jede Antwort, die so klug ist, dass der Zuhörer wünscht, er selbst hätte sie gegeben.

Der kanadische Zahnarzt Rausch hat eine schnelle Hypnoseinduktion geschaffen, die er „Rapid Induction nach Victor Rausch“ nennt. Ein deutscher Zahnarzt mit Namen Kather begeisterte sich für diese Technik so sehr, dass er eine Victor-Rausch-Akademie gründete und diese eine Induktionstechnik gleich über eine Serie von Seminaren in einem eigenen Curriculum anbietet. Versteht sich, dass die Seminare recht teuer sind. Die Begeisterung für diese Technik war so groß, dass das Curriculum auch allen ausgebildeten Hypnosetherapeuten und den Ausbildern der etablierten großen Hypnosegesellschaften angeboten wurde. Hansjörg Ebell, Anästhesist, Psychotherapeut und seit über 25 Jahren einer der erfahrensten Hypnoseexperten in Deutschland, schrieb als Reaktion auf die zugesandten Hochglanzprospekte eine humorvolle Antwort. Unter anderem bedauerte er, dass er sich die teueren Seminare nicht leisten könne, weil seine eigenen Seminare seit Jahrzehnten so viel billiger seien.
Er schloss seine Mail, die er in Kopie auch an mich sandte, mit einem Sprichwort der Cherokee-Indianer:

Auf jeden Rausch folgt ein Kater.

Für leicht chronifizierte Helferpersönlichkeiten

Der Aphoristiker Wolfgang Eschker schreibt:

Manche Leute spielen nicht einmal in ihrem eigenen Leben die Hauptrolle.

Für Therapie und Beratung lohnt es sich manchmal, Aphorismen etwas umzuformulieren:

Man sollte wenigstens im eigenen Leben die Hauptrolle spielen.

Aus einem Beratungsgespräch für eine leicht chronifizierte Helferpersönlichkeit:

Es gibt in meinem Beruf Kolleginnen und Kollegen, die sind es so gewohnt zu helfen, dass sie auch privat ständig nach Gelegenheiten suchen, andere zu belehren, zu beraten und zu helfen.

Die anderen sagen längst:

Bitte nicht helfen, es ist auch so schon schwer genug!

Wie Sie sich in ihrer Familie verhalten, das erinnert ein wenig an diese Kollegen, die immer nur helfen wollen.

Vielleicht sollte ich Ihnen als Hausaufgabe geben, ein Taxi zu rufen und zum Taxifahrer zu sagen:

Fahren Sie mich irgendwohin, ich werde überall gebraucht!

Damit es nicht so weit kommt, können Sie sich abends Sprüche unter das Kopfkissen legen. Ich denke an Sprüche wie:

Jeder denkt an sich, so ist an jeden gedacht.*

Oder:

Nie war ich so wertvoll wie heute!

Oder:

Man sollte wenigstens einmal die Woche im eigenen Leben die Hauptrolle spielen.*

Einerseits gilt:

Wer nicht kommt zur rechten Zeit, der pfeift auch auf die Pünktlichkeit.

Andererseits:

Pünktlichkeit ist die Fähigkeit, abschätzen zu können, um wie viel der andere zu spät kommen wird.

Und für diejenigen, die sich dabei verschätzt haben und warten müssen:

Oh Herr, gib mir Geduld, aber etwas plötzlich bitte.

Bei allgemeinen Problemen mit dem Timing und der Neigung zu Hektik gilt eine bemerkenswerte Aussage des Chefarztes der hypnosystemischen Klinik am Hardtberg, Gunther Schmidt, die er Mitte der 80er-Jahre während eines Workshops auf der Jahrestagung der *Milton-Erickson-Gesellschaft für Klinische Hypnose (MEG)* tätigte:

Ich bin heute etwas hektisch, das tu ich mit Bedacht.

Was ist der Unterschied zwischen Albert Einstein und unsereinem?

Albert Einstein beschäftigte sich mit der Raum-Zeit-Problematik, und unsereiner beschäftigt sich mit der Kaum-Zeit-Problematik.

Vom Rauchen, dem Aufhören und dem starken Willen

In den 80er-Jahren demonstrierte ein Kollege in einem Hypnoseseminar mit einem Teilnehmer Raucherentwöhnung mittels Hypnose. Während dieser Sitzung rauchte er selbst eine Zigarette. Aus dem Teilnehmerkreis kam die Frage, ob und warum er nicht selbst in der Lage sei, sich das Rauchen abzugewöhnen.
Er antwortete:

Ich könnte aufhören, wenn ich wollte.
Aber bin ich denn der Sklave meines starken Willens?!

Von der konsequenten Kontrolle des Rauchens und des Trinkens

Mark Twain soll gesagt haben:

Es ist ganz leicht, sich das Rauchen abzugewöhnen; ich habe es schon hundert Mal geschafft.

Der Aphoristiker Werner Mitsch meint:

Das Rauchen würde nur halb so viel Spaß machen, wenn es gesund wäre.

Weitere Sprüche für den Fachmann in der Raucherentwöhnung:

Es gibt nur einen Weg zur Lunge, und der muss geteert werden.

Lieber keine rauchen als auf den Bronchien fauchen.*

Rauche jetzt – zahle später.

Zum Thema Alkohol und Trinken

Werner Mitsch definiert:

Trinker sind Menschen, die sich mit Alkohol über Wasser halten.

Dies konsequent über längere Zeit durchgehalten, führt letztlich zur Haltung:

Lieber ein stadtbekannter Säufer als ein Anonymer Alkoholiker.

Im fortgeschrittenen Stadium gilt schließlich:

Alkoholiker werden zwar nur halb so alt, aber dafür sehen sie alles doppelt.

Und in letzter Konsequenz gilt es zudem für Raucher und Trinker zu bedenken:

Tod macht impotent.

Und:

Der Tod ist ein bleibender Schaden.

Was sagt die Ko-Alkoholikerin, wenn es nachts draußen poltert?

Das ist mein voller Ernst.

Üben, üben, üben

Der Pionier der Stottertherapie, Charles Van Riper, hält seine Stotterpatienten zum regelmäßigen Üben an und begründet dies mit:

Wenn heute zwei Verhaltensweisen gleich stark sind, ist morgen die ältere stärker.

Das erinnert an ein chinesisches Sprichwort:

Eine Fähigkeit, die nicht täglich zunimmt, geht täglich zurück.

Ein berühmter Musiker soll mal gesagt haben:

Wenn ich einen Tag nicht übe, höre ich es.
Wenn ich zwei Tage nicht übe, hört es meine Frau.
Wenn ich eine Woche nicht übe, hört es mein Publikum.

Ein Tourist läuft suchend durch New York und fragt schließlich einen Passanten: Wie komme ich in die Carnegie Hall?
Der Passant antwortet:

Üben, üben, üben.

Stottertherapie

Zur Therapie des Stotterns bei Jugendlichen und Erwachsenen gehören von den Patienten ungeliebte und unangenehme Hausaufgaben. Dazu zählt vor allem das absichtliche Stottern in gefürchteten Situation. Über dieses absichtliche Stottern werden die Ängste und das Vermeidungsverhalten abgebaut.
Regelmäßig werden solche Aufgaben „vergessen" oder gemieden.
Der Therapeut muss einerseits lange verständnisvoll unterstützen und andererseits aber ab einem gewissen Punkt – als **„Mann von gnadenloser Güte"** – konsequent auf der Durchführung der Aufgaben bestehen.

Aus einer Stottertherapie:

Therapeut: Mit Ihrer Hausaufgabe, die Sie wieder nicht gemacht haben – wie soll ich das verstehen? Eher wie:

Steht im November noch das Korn, ist es wohl vergessen worn.

Oder so, wie es vielen von uns immer wieder geht:

Ich war nicht feige, ich war nur stärker als der Held in mir.

Bis zur nächsten Sitzung gilt deshalb das Motto:

Du hast keine Chance, also nutze sie!

Deshalb beenden wir die heutige Sitzung auch schon nach fünf Minuten und bauen das nächste Mal auf

der Hausaufgabe auf, die bis dahin durchgeführt wurde.
Ich orientiere mich da am Pionier der amerikanischen Stottertherapie, Charles Van Riper, über den einmal ein Patient sagte:

„Sie sind der netteste Mensch, der mir je die Kehle durchgeschnitten hat."

Vielleicht hat Van Riper auch manchmal gesagt:

Ich bin nicht so hart, wie du denkst, ich bin noch viel härter.

Wir haben in der letzten Therapiestunde schon über das russische Sprichwort gesprochen:

Schau der Furcht in die Augen, und sie wird zwinkern.

Und dann haben wir auch noch die Hoffnung:

Alles, was uns nicht umbringt, macht uns nur härter.

Über Lehrer und Psychologen

Ein Kollege fragte mich, ob ich schon den Unterschied zwischen Lehrer und Sonderschullehrer kenne. Er erzählte mir dann, seine Frau habe als Grundschullehrerin eine Fortbildung als Sonderschullehrerin absolviert. Zu Zeiten ihrer Grundschultätigkeit habe sie ihm am Sonntag immer gesagt:
Geh mal ins Wohnzimmer und decke den Tisch!
Seit sie nun Sonderschullehrerin sei, sage sie:
Geh mal ins Wohnzimmer, rechts ist der Wandschrank, nimm die Teller raus, und decke den Tisch!
Berufe prägen. Bergarbeiter haben Staublungen.
Zwei Psychologen treffen sich, und der eine sagt zum anderen:
Wie geht's mir denn? Wie es dir geht, sehe ich.
Deswegen heißt es auch:

Einen Lehrer lehren ist wie einen Toten heilen.

Über Briefträger und weitere Berufe

Meinem Großvater Albert Oswald (1884–1982) verdanke ich einen guten Teil meiner Grundausbildung für die Freude an Wortspielen und Sprüchen und das Gespür für sie. Er fuhr als Briefträger mit der Postkutsche ins Glottertal und unter anderem in die Klinik, die später als *Schwarzwaldklinik* in einer Fernsehserie berühmt wurde.
Er zitierte regelmäßig selbstironisch:

Wer nichts ist, und wer nichts kann, geht zur Post oder Eisenbahn.

Und fügte an:

Wer gar nichts wird, wird Wirt.
(Damit gemeint ist auch: Betriebs- bzw. Volkswirt.)

Leider erst nach seinem Tod fand ich ein Wortspiel von Karl Kraus, das ihm sicher Spaß gemacht hätte:

Einen Brief zur Post bringen heißt einen Brief aufgeben.

Etwas komplexer hat es Cyril Northcote Parkinson – der Autor des Bestsellers *Parkinsons Gesetz* – formuliert:

Die Post ist eine Institution zur verteuerten Verlangsamung der Briefzustellung mit dem Ziel der Selbstabholung gegen zehnfache Gebühr.

Entfernte Verwandte

Wer kennt nicht Situationen, in denen man denkt:

Entfernte Verwandte sind gut, leider ist es immer noch verboten, sie selbst zu entfernen.

Wer kennt nicht Situationen, in denen man aggressive Impulse dergestalt hat:

Ich würgte eine Klapperschlang',
bis ihre Klapper schlapper klang.

In den meisten Fällen gilt zwar:

Wer abnimmt, hat mehr vom Telefon.

Bei nervenden Anrufen hilft jedoch eine andere Telefonregel, wie die folgende Situation zeigt.

Beratungssituation:

Klientin: Wenn meine Mutter mich anruft, bin ich hinterher immer dermaßen schlecht aufgelegt.
Therapeut: Ich glaube, Sie wissen noch nicht, was „gut aufgelegt" wirklich bedeutet.
Klientin (etwas verwirrt): Was meinen Sie?
Therapeut: Ich meine, Sie wissen noch nicht, was „gut aufgelegt" wirklich bedeutet.
Klientin (lacht): Ach so!
Therapeut: Ich denke, wir sollten daran arbeiten, dass Sie gut auflegen können – ohne ihre Mutter zu verletzen und ohne Schuldgefühle zu bekommen. Also:

Gut aufgelegt, und die Laune stimmt!*

Aus der Erziehungsberatung

Der Vater in dieser Familie erzieht anscheinend nach dem Motto:

Jeder hat das Recht auf meine Meinung.

Die Mutter hält sich eher an die Regel:

Ich antworte mit einem entschiedenen Vielleicht.

Als Eltern scheinen Sie zu vermitteln:

Also entweder – oder, aber das ewige Hin und Her hört jetzt irgendwann auf!

Dabei gibt es einen berühmten Pädagogen, der mal gesagt haben soll:

Erziehung ist zwecklos, die Kinder lernen über das Vorbild.

Beziehung und Erziehung

Wie eben bereits gesagt:

Erziehung ist zwecklos, die Kinder lernen über das Vorbild.

Oder:

Der Vater schlägt die Mutter,
die Mutter schlägt das Kind,
und jetzt kann man die Frage aufwerfen:
Wem schlägt das Kind nach?

Bei manchen Ehen spricht man von schlagenden Verbindungen.

Aus der Mütterberatung

Sie haben vier Kinder großgezogen, zwei davon sind adoptierte Kinder. Nachdem jetzt alle Kinder gleichzeitig selbstständig werden, werden Sie auf einen Schlag arbeitslos. Von daher ist es natürlich, dass Sie oft an die Kinder denken, und auch natürlich, dass Sie Ängste entwickeln.
Da Sie viel Humor haben, schlage ich Ihnen vor, meditieren Sie öfters mal über den Satz:

Denk nicht immer an mich, ich möchte auch mal alleine sein.

Es freut mich, dass Sie so herzlich darüber lachen können.
Solange keines von Ihren Kindern sagt:

„Mama, wenn du mir noch einen Schritt näher kommst, dann stehst du hinter mir“,

sehe ich keinen Anlass zu besonderer Sorge.

Vom Geben und Nehmen

Beratungssituation:

Sie haben seit Jahren in Ihrer Familie immer nur gegeben. Sie sagen, dass Ihnen die christliche Haltung der Nächstenliebe sehr wichtig ist.

Liebe deinen Nächsten wie dich selbst

spielt eine große Rolle in Ihrem Leben.
Ein Pfarrer hat einmal eine Predigt gehalten und das *wie dich selbst* betont.

Die Selbstliebe ist der Maßstab für die Nächstenliebe.

Man soll den anderen lieben, so wie man sich selbst liebt.

Der Pfarrer kam in seiner Predigt dann auf ein anderes wichtiges Prinzip zu sprechen:

Geben ist seliger denn nehmen.

Er betonte, dass diejenigen, die übers Geben selig werden wollen, auch andere brauchen, die etwas nehmen, etwas annehmen. Man könne auch Gutes tun, indem man anderen etwas durch Annehmen gebe. Also diejenigen, die sich schon Seligkeitspunkte erworben haben, sollen den anderen gegenüber so fair sein, auch mal was anzunehmen.
Im Übrigen habe ich später einmal eine verblüffende Variante dieses Spruchs gehört:

Geben ist seliger als nehmen – sprach der Boxer.

Von Zwergen und richtigen Männern

Auch Zwerge haben einmal klein angefangen.

Oder:

Er war ein Mann wie ein Baum. Sie nannten ihn Bonsai.

Wolf Wondratschek

Die ersten beiden Bücher von Wolf Wondratschek hatten die Titel: *Früher begann der Tag noch mit einer Schusswunde* und *Ein Bauer zeugt mit einer Bäurin einen Bauernjungen, der Knecht werden will.* Später schrieb Wondratschek ein Buch mit einem langen Gedicht über die Softie- und Machoproblematik zwischen Männern und Frauen: *Carmen oder bin ich das Arschloch der 80er-Jahre.*
Wondratschek thematisierte auch immer wieder die konfliktreiche Beziehung zu seiner Familie, und man findet dort Aussagen, aus denen man gute Aphorismen schmieden könnte. So erinnere ich mich an einen Satz, der sinngemäß so war:

Erwachsen wurde ich, als ich sah, wie mein Vater seinen Feinden die Stirn bot, indem er seinen Hut vom Kopf nahm.

Allerdings könnte man diesem Satz auch eine „hellingersche“ mahnende Variante abgewinnen:

Du kannst deinen „Feinden“ auch die Stirn bieten, indem du den Hut vom Kopf nimmst.

In seinem Buch *Omnibus* illustriert er in seinem typischen schwarzen Humor verschiedene Möglichkeiten, sich umzubringen. Die wondratschekschen Assoziationen spiegeln hier vieles von den Motiven von Patienten mit Suizidimpulsen wider und lassen sich zum Beispiel im Sinne der provokativen Therapie nach Frank Farrelly auch therapeutisch nutzen.

Hier Beispiele von Wondratscheks Liste, teils von mir um der besseren therapeutischen Wirksamkeit willen leicht umformuliert:

Von einem Hochhaus springen, um noch einmal richtig aufzufallen.

Die Rasierklinge nehmen, und die ganze Sache ist geritzt.

Den Gashahn aufdrehen und die Nase für immer voll haben.

Russisch Roulette spielen und sofort gewinnen.

Dreißig Schlaftabletten schlucken und für immer seine Ruhe haben.

Sein Auto gegen einen Baum fahren und froh sein, sein Ziel diesmal erreicht zu haben.

Starkstromleitungen berühren und genau wissen, dass man nicht enttäuscht sein wird.

Das erinnert an einen weniger hintersinnigen Spruch, der natürlich nicht von Wondratschek stammt:

Am besten, du kaufst dir einen Strick und erschießt dich, wo das Wasser am tiefsten ist.

Tageszeiten

Morgenstund ist ungesund.

Ich wollt, ich wär ein Teppich, dann könnte ich jeden Morgen liegen bleiben.

Wer morgens zerknittert aufsteht, hat am Tag die besten Entfaltungsmöglichkeiten.

Was du heute kannst besorgen, das verschiebe flugs auf morgen.*
Wem du's heute kannst besorgen, den verschone nicht bis morgen!
Was du heute kannst besorgen, brauchst du morgen nicht zu borgen.

Ein guter Hahn kräht nicht, wenn er mit den Hühnern ins Bett geht, sondern wenn er am anderen Morgen noch mit ihnen aufstehen kann.
(Gerhard Uhlenbruck)

Wer mittags schläft und abends lacht, der hat die Nacht zum Tag gemacht.
(Werner Mitsch)

Am Tage springen die Gemsen, am Abend müssen sie bremsen.

Meine Eltern wollen mein Bestes

In der guten, alten 68er-Zeit gab es einen Sponti-Spruch:

Der Staat will nur unser Bestes, aber er bekommt es nicht.

In einer kleinen Variation kann er auch in der Familientherapie eingesetzt werden.

Therapeut: Bei Ihrem Sohn mit seiner Verweigerungshaltung habe ich manchmal den Eindruck, als möchte er sagen:

Meine Eltern wollen nur mein Bestes, doch das bekommen sie nicht.*

Vom Erfolg eines Genies – Aus der Familienberatung

Nun, so wie Ihr Sohn dasitzt und wie er hier spricht, hat er anscheinend die Haltung meines Opas. Der wurde 98 Jahre alt und hat sich gelegentlich geweigert, in Familie und Haushalt Aufgaben zu übernehmen. Er begründete das regelmäßig mit:

Alles, was man nie anfängt, braucht man auch nie zu tun.

Ihr Sohn möchte nach seinen Aussagen etwas Kreatives machen, Erfinder schwebt ihm vor. Einer der kreativsten Erfinder, Thomas Alva Edison, hat mal gesagt:

Genie ist ein Prozent Inspiration und 99 Prozent Transpiration.

Der Schriftsteller André Brie meinte:

Der berufliche Erfolg liegt auf der Straße. Man muss sich nur bücken.

Wenn es nicht so moralingetränkt klingen würde, könnte man noch anfügen:

Über Nacht berühmt wird man nur, wenn man tagsüber hart gearbeitet hat!

Und der berühmte französische Komiker Jacques Tati, der enorm witzige und kreative Filme gedreht hat, meinte einmal:

Wer sich für zu wichtig für kleinere Arbeiten hält, ist meistens zu klein für wichtige Aufgaben.

Es hat zwar mal jemand gesagt:

Ich habe einen hellen Kopf. Ich habe als Kind immer wartend am Fenster gesessen.*

Aber wenn mich Ihr Sohn fragen würde, wie man kreativ Erfolg haben kann, dann würde ich doch vorsichtig dem vielleicht berühmtesten Erfinder, Edison, zustimmen:

Nur derjenige hat Erfolg, der etwas tut, während er auf den Erfolg wartet.

Von Erfahrungswissen und Bauernregeln

Da ich als Kind auf dem Lande aufgewachsen bin, versuchte man mir die Gefährlichkeit der Hornissen klar zu machen:

Die Stiche von sieben Hornissen können ein Pferd töten.

Dieser Spruch war für mich als Kind enorm einprägsam, und immer wenn mir eine Hornisse begegnete, war mir die Gefährlichkeit dieses Tieres präsent.
Jahre später habe ich dann einen Spruch gefunden, der mich ziemlich amüsierte:

Wussten Sie schon: Der Biss eines einzigen Pferdes kann sieben Hornissen töten.

Es gibt viele Bauernregeln, die solches Erfahrungswissen mehr oder minder trivialer Natur weitergeben.

Kräht der Hahn auf dem Mist,
ändert sich das Wetter oder bleibt, wie es ist

ist die bekannteste der lustigen Bauernregeln, die die Banalität mancher dieser Erfahrungssprüche karikiert. Es gibt unter diesen nicht ganz ernst gemeinten Bauernregeln einige, die durchaus für therapeutische und beratende Gespräche einsetzbar sind.
Ein Freund hatte jahrelang immer wieder angekündigt, im neuen Jahr wesentliche Änderungen in seinem Leben zu vollziehen und vor allem seine beruflichen Termine zu reduzieren. Das Weihnachtsgeschenk in Gestalt eines Terminkalenders mit der Widmung:

„Kommt Februar nach Januar,
wird's neue Jahr, wie's alte war"

sollte ihn liebevoll provozieren.
Vielleicht hätte man, vorausblickend auf das letzte Kalenderblatt, noch einen Spruch anfügen können, der schon an anderer Stelle in diesem Buch verwendet wurde:

Steht im November noch das Korn,
ist es wohl vergessen worn.

Die meisten der folgenden Bauernregeln dienen jedoch einfach nur der Unterhaltung und dem Amüsement gemäß dem Motto:

Genieße das Leben beständig,
denn du bist länger tot als lebendig.

Oder, anders ausgedrückt:

Liegt der Bauer tot im Zimmer, lebt er nimmer.

Oder, noch mal anders:

Stirbt der Bauer Anfang Mai,
ist der Mai für ihn vorbei.

Für seine Erben gilt dann immerhin:

Stirbt der Bauer schon im Mai,
wird ein Fremdenzimmer frei.

Nun, die Evolution geht trotzdem weiter:

Sitzt auf 'ner Bank ein Paar im Mai,
sind's oft im Februar schon drei.

Und:

Liegt der Bauer auf der Gabi,
haut seine Frau ihn mit Kohlrabi.

Nur von Amüsement, Luft und Liebe kann jedoch auch der Bauer nicht leben, deshalb:

Ist der Bauer mal nicht satt,
fährt er sich ein Hähnchen platt.

Und:

Sind die Hühner platt wie Teller,
war der Traktor wieder schneller.

Wirft die Landwirtschaft nicht mehr genügend ab, dann gelten die folgenden Bauernregeln:

Der Skilift zeigt im Januar,
wo einst des Bauern Weidland war.

Und:

Ist die Viehzucht aufgegeben,
heißt es von Touristen leben.

Auch im Osten trägt man Westen

Im Frühjahr 1988, vor der Wende, war ich zu einem meiner Workshops in der DDR. Die Workshops über hypnotherapeutische Techniken fanden an so romantischen Orten wie im Kellergewölbe des französischen Doms in Ostberlin statt. Der DDR-Liedermacher Stephan Kraftzyk war damals gerade des Landes verwiesen worden, und in Ostberlin trafen sich erstmalig die DDR-Liedermacher, um die Lage zu beraten. Die Workshoporganisatorin hatte Beziehungen und konnte mir Karten für dieses einmalige Treffen in einem Jugendclub besorgen. Meine Frau, meine Tochter und ich waren vermutlich die einzigen Wessis, die dabei waren. Dort trat ein *Duo Sonnenschirm* aus Leipzig/Dresden auf. Eigentlich durften alle Künstler nur zwei Stücke vortragen, *Duo Sonnenschirm* waren die Einzigen, die nicht ohne Zugabe von der Bühne gelassen wurden.

Im Herbst 1989 waren die Künstler auf Westtournee, und ich organisierte den beiden auch ein Konzert in meiner Wahlheimat Rottweil. In Leipzig gab es die großen Montagsdemos, wir diskutierten einen ganzen Tag über politische Ökonomie und über die Möglichkeit eines dritten Weges zwischen Kapitalismus und Sozialismus. Ich bereitete meine unmittelbar bevorstehende Reise zu weiteren Workshops nach Leipzig und Ostberlin vor. Dieter Beckert, der Kopf und Texter des *Duo Sonnenschirm*, klagte:

Mein ganzes Leben habe ich für einen Umbruch in der DDR gearbeitet. Jetzt findet er statt, und wir sind nicht vor Ort dabei.

Er beneidete mich, dass ich nach Leipzig fahren durfte. Ich erlebte dort die zweitletzte der beeindruckenden großen Montagsdemonstrationen. Hunderttausende auf der Straße, hunderttausende, die am Stasi-Eck vorbeimarschierten und skandierten:

Wir sind das Volk.

Ein beeindruckendes Beispiel, wie ein kurzer Slogan aus vier Wörtern mächtige geschichtsverändernde politische Wirkung entfalten kann.
Auf den Spruchbändern gab es viele intelligente und witzige Sprüche, die es an sich wert gewesen wären, hier erwähnt zu werden.
Auf einem eigentlich schönen Haus in Leipzig, dem die seit Jahrzehnten fehlenden Investitionen und Renovationen mehr als deutlich anzusehen waren, stand ein Spruch. Dieser Spruch kennzeichnete die Lage der DDR in der Spätphase ihres Bestehens meiner Meinung nach sehr gut:

Ruinen schaffen ohne Waffen.

Von besagtem Dieter Beckert, der sich selbst als Brachialromantiker bezeichnet, hörte und las ich einige der prägnantesten kabarettistischen Sprüche zur Situation der DDR in der Endphase:

Was nicht ins Ohr geht, geht ins Auge.

Als ich blind war, sah ich schwarz.

Waldsterben schafft Sargholz.

Der Spruch:

Wenn die Eieruhr schrillt, ist das Huhn verdottert,

erinnert mich an den Spruch eines Schweizer Kabarettisten aus den 50er-Jahren, den ich Beckert bei einer der Begegnungen erzählte:

Wenn ich an die Zukunft der Menschheit denke, da muss ich sagen: Nur Mut, nur Mut, nur Mutation kann uns da noch weiterhelfen.

Beckert trat in den 90er-Jahren mit verschiedenen Formationen auf mehreren Tagungen auf, die ich organisierte. Bei einem dieser Auftritte forderte er:

Abschaffung des § 218 auch für den Mann: Wenn man das Kind im Mann abtreiben könnte, dann wäre manches Problem auf der Welt gelöst.

Die Texte von Jürgen Wolff, der anderen Hälfte des *Duo Sonnenschirm*, und Dieter Beckert sind in drei Büchern erschienen. Eines der Bücher hat einen Titel, der sich hervorragend therapeutisch einsetzen lässt:

Zuversicht ist des Schiffers Uferlicht.

Das erinnert an ein altes Kirchenlied der Seemänner, das allerdings eher weniger gut für therapeutische Prozesse geeignet erscheint:

Schiffe[9] ruhig weiter,
wenn dein Mast auch bricht,
Gott ist dein Begleiter,
er verlässt dich nicht.

Haut – oder: Die schlagende Verbindung

Aus der Paartherapie:

Sie sagen Ihrem Mann von Zeit zu Zeit, dass er für Sie gestorben sei.
Der Dichter Christian Friedrich Hebbel sagte:

Wenn man von einem sagt, er sei tot: Wie kann der besser zeigen, dass er lebt, als indem er um sich haut?

Allerdings:

Haut heißt, soweit ich weiß, nicht Haut, damit man draufhaut.

Wäre es unter Umständen manchmal nicht hilfreicher, den anderen einfach überraschend in den Arm zu nehmen?? Vielleicht haut es dann die eine oder den anderen vor Überraschung um.
Aber:

Wenn es jemand vor angenehmer Überraschung umhaut, ist es besser, als wenn jemand überraschend unangenehm draufhaut.*

Therapeutische Begegnungen mit einer Mutter

Wenn ich Ihrem Aufgabenkatalog – Versorgung von drei Kindern und einer kranken Schwiegermutter – lausche, habe ich das Gefühl:

Ich hab so einen Durst, dass ich vor Hunger schon ganz müde bin.

Denken Sie da nicht manchmal:

General Custer hätte die Schlacht gewinnen können, wenn die Indianer einzeln über den Hügel gekommen wären?

Es hat ja mal jemand philosophiert:

Eine Kuh macht Muh, viele Kühe machen Mühe.

Andererseits hat frau als Mutter keine andere Chance, oder?
Denn:

Gott schuf Mütter, weil er nicht alles alleine machen wollte.

Von Zäunen und Nachbarn

Berater: Ihr Kollege scheint Probleme zu haben, die Grenzen einzuhalten, die Ihnen wichtig sind. Vielleicht sollten Sie ihm einmal sagen:

Wenn du mir noch einen Schritt näher kommst, dann stehst du hinter mir.

Klientin: Ja, aber ich glaube, das würde der eher als Aufforderung verstehen, näher zu kommen.
Berater: Na gut, vielleicht hilft dann ein englisches Sprichwort:

Gute Zäune machen gute Nachbarn.

Eine weitere Idee wäre, Sie lassen sich ein T-Shirt anfertigen mit der Aufschrift:

Welchen Teil von meinem NEIN hast du noch nicht verstanden?

Vom Segen und Regen

Die jüngere Generation kennt erstaunlicherweise kaum noch Sprichwörter. Die Konsequenzen zeigt folgende Geschichte:
Große Trockenheit. Seit Monaten kein Regen. Die Ernte ist in Gefahr. Die Kirche versucht ihr Bestes mit Bittprozessionen. Einige zünden riesige qualmende Feuer an, weil dadurch angeblich die Regenwahrscheinlichkeit steigt. Nichts hilft.
Der älteste Mann im Dorf meint: Dann muss ich wohl ran.
Niemand ahnt, was er zu tun gedenkt.
Alle versammeln sich auf dem Dorfplatz, und der Alte erscheint mit einer Säge. Er setzt sich auf dem Dorfplatz in einen Sessel, krempelt feierlich ein Hosenbein hoch und beginnt, sich mit feierlicher Mine ins Bein zu sägen. Alle sind geschockt, das Blut rinnt. Doch da, am Himmel bilden sich große, schwarze Wolken, und kurze Zeit später beginnt es ergiebig zu regnen. Die Ernte ist gerettet.
Wie hast du das gemacht?, wollen alle vom Alten wissen.
Ja, kennt ihr nicht mehr das Sprichwort:

Sich sägen bringt Regen!?

Delegationen

Manche Klienten kommen mit einem Problem chronischer Unzufriedenheit in die Therapie. Einer Unzufriedenheit, die unverständlich erscheint, weil objektiv in Schule, Studium und Beruf viel erreicht wurde. Manchmal hängt dies mit großen Erwartungen zusammen, die die Eltern an ihr Kind haben.

Aus der Therapie:

Ihre Eltern bekunden immer noch ihre großen Erwartungen an Sie. Der Heidelberger Familientherapeut Helm Stierlin spricht von Delegationen: Eltern beauftragen ihre Kinder, ein bestimmtes Leben zu leben. Das können auch nichtgelebte Lebensträume der Eltern selbst sein. Das ist prinzipiell nichts Schlechtes. Solche Erwartungen können Sinn im Leben stiften, manchmal natürlich auch die Kinder überfordern.

Im Fall von fremden, aber auch eigenen Ansprüchen sollte man bedenken:

Wenn die Latte sehr hoch hängt, dann kann man bequem darunter hindurchgehen.

Oder auch als Aufforderung an sich selbst formulieren:

Man sollte die Latte immer so hoch hängen, dass man noch bequem darunter hindurchgehen kann.*

Radikaler könnten Sie natürlich auch sagen:

Die Eltern wollen nur mein Bestes – aber das bekommen sie nicht.*

Sie sind ein guter Sohn und wollen ein guter Sohn sein. Die Gefahr des Egoismus und Egozentrismus ist bei Ihnen wirklich wenig gegeben. Daher schlage ich Ihnen etwas von der Haltung vor:

Jeder denkt an sich, so ist an jeden gedacht.

Der Pädagoge als Großvater

Aus dem Beratungsgespräch mit einem Großvater:

Ich kann verstehen, dass es Ihnen als erfahrenem Pädagogen schwer fällt, sich in dieser Situation zurückzuhalten. Es geht ja schließlich um Ihre Tochter und Ihre Enkelkinder.
Doch ich möchte zu bedenken geben, dass Oscar Wilde mal sagte:

Er wäre der tollste Mensch, wenn er nicht immer die Wahrheit sagen würde.

Vielleicht möchte Ihnen Ihre Tochter mit ihrem Verhalten auch sagen:

Bitte nicht helfen, es ist auch so schon schwer genug.

Ich habe mal einen Satz gefunden:

Grundsätze sind Sätze, an denen eine Beziehung leicht zugrunde gehen kann.

Und ein anderer lautet:

Ratschläge sind auch Schläge.

Letzteres halte ich zwar für stark übertrieben.
In Bezug auf Ratschläge gilt aber wie in vielen anderen Dingen:

Weniger ist oft mehr.

Tag und Nacht ohne Chance

Es gibt Leute, die tasten sich nachts an einer Litfaßsäule entlang und murmeln: Schrecklich, lebendig eingemauert! Schrecklich, lebendig eingemauert!

Es gibt Leute, die stehen tagsüber gebückt auf einem Kanaldeckel, rütteln und reißen daran und schreien: Lasst mich raus, lasst mich raus!

Doch:

Der Kopf ist rund, damit das Denken die Richtung ändern kann.
(Francis Picabia)

French Fries und *Freedom Fries*

Suppose you were an idiot. And suppose you were a member of Congress. But I repeat myself.
(Mark Twain)

(Nehmen wir an, Sie seien ein Idiot. Und nehmen wir an, Sie seien ein Mitglied des Kongresses. Aber ich wiederhole mich.)

Auf dem Höhepunkt der Differenzen zwischen Frankreich und den USA bezüglich der Notwendigkeit eines Irak-Krieges begannen zuerst einige Provinzrestaurants, die Fritten von „French Fries" in „Freedom Fries" umzubenennen. Schließlich zog die Kantine des amerikanischen Kongresses über einen offiziellen Beschluss nach. Die französische Botschaft in den USA kommentierte dies mit den Worten: „Wenn es um Fragen von Krieg und Frieden geht, haben wir Wichtigeres zu tun, als Kartoffeln umzubenennen."
Interessant, dass Mark Twain schon ca. 100 Jahre vorher die Ereignisse kommentieren konnte, siehe oben.
Der amerikanische 400-m-Olympiasieger Michael Johnson wurde im Jahr 2000 bei der ARD-Sportgala als weltbester internationaler Athlet des Jahres ausgezeichnet. Er sagte bei dieser Preisverleihung:

Ich hoffe, dass diese Wahl endgültig ist und die Stimmen nicht noch mal ausgezählt werden müssen. In meinem Land ist das nämlich so üblich.

Lieber dutzende von Sprüchen als gar keine Idee

Sprüche nach dem Strickmuster „Lieber xxx als yyy" erfreuen sich großer Beliebtheit. Es gibt davon eine unglaubliche Vielfalt. Einige davon sind geistreich, andere eher weniger.
Manche diese „Lieber-als-Sprüche" haben durchaus therapeutisch-beraterische Relevanz. Es seien hier einigen solcher Sprüche aufgelistet – erst einmal nur zu Freizeit- und Unterhaltungszwecken:

Lieber ein Lied auf den Lippen als ein Pfeifen im Ohr.
Lieber schizophren als ganz allein.
Lieber 'ne gesunde Verdorbenheit als 'ne verdorbene Gesundheit.
Lieber einen Nächsten als zwei von deiner Sorte.
Lieber ein Auge zudrücken als den Mund zu weit aufreißen.
Lieber Sonne im Herzen als einen Schatten auf der Lunge.
Lieber überlegen als unterstellen.
Lieber fünf Minuten feige als ein Leben lang tot.
Lieber arm dran als Bein ab.
Lieber einen stehen haben und nicht sitzen können als einen sitzen haben und nicht stehen können.
Lieber Oberursel als unter Ursel.

Nun als Aufforderung an die Leser: Welchen dieser Sprüche könnten Therapeuten oder Berater wirkungsunterstützend einsetzen?
Im Folgenden einige Beispiele für die therapeutische Verwendung von Sprüchen.

Aus einer Paartherapie

Therapeut: Ihre Frau hat das Gefühl, Ihre Ehe ist in Gefahr, und Ihnen beiden steht das Wasser bis zum Hals. Mir scheint, Ihre Frau beklagt sich hier indirekt, dass Sie ständig nur dominieren. Das hört sich so an, als leben sie nach dem Motto:

Lieber Oberursel als unter Ursel.

Mann (schmunzelnd): Gut, es gibt auch Situationen, bei denen ich unter Ursel vorziehe.
Therapeut: O. K., an dieser Rollenflexibilität können wir weiterarbeiten. Und für den Übergang können Sie sich an das Motto halten:

Es ist mir egal, wer unter mir dominiert.*

Und Ihr Therapieziel möchte ich zusammenfassen:

Lieber gemeinsam Oberwasser als alleinsam unter Wasser.*

Für den Tinnituspatienten

Es gibt Kollegen, die, ergänzend zu medizinischen Maßnahmen, Hypnose bei Tinnituspatienten einsetzen. Entspannung ist dabei nur ein Faktor. Eine Fachfrau auf diesem Gebiet sagte bei einem Vortrag:
„Das alles kann man vergessen, wenn man nicht manchen Tinnituspatienten einen anderen Lebenswandel beibringt. Solange jemand als Autobahnraser in permanentem Hochstress lebt, greifen viele Behandlungen einfach nicht."
Langer Rede kurzer Sinn: Was ich Ihnen empfehle, ist:

Lieber ein Lied auf den Lippen als ein Pfeifen im Ohr.

Potenzprobleme

Aus einer Therapiesitzung:

Sie kommen wegen Potenzproblemen. Es ist gut, dass Sie selbst so humorvoll damit umgehen können. Es gibt einen schrägen Spruch zu diesem Thema:

Früher waren alle Glieder elastisch und eines steif, und heute sind alle Glieder steif und eines elastisch.

Manchmal ertränken Sie Ihren Kummer in Alkohol. Der Alkohol ist nach Ihrer Aussage kein so großes Problem.
Es hat mal einer gesagt:

Alkohol ist keine Antwort, aber man vergisst beim Trinken die Frage.
(Henry Mon)

Den nächsten Spruch kennen Sie vielleicht:

Es hat keinen Sinn, Probleme ertränken zu wollen, die Biester können schwimmen.

Potenzprobleme sind heute erfolgreich anders behandelbar. Wir werden daran arbeiten. Sagen wir mal so:

Lieber einen stehen haben und nicht sitzen können als einen sitzen haben und nicht stehen können.

In Fällen von Scheidung und Entscheidung:

Lieber einen Nächsten als zwei von deiner Sorte.

In Fällen von drohendem Arbeitsplatzverlust:

Lieber ein Auge zudrücken als den Mund zu weit aufreißen.

Für Kettenraucher:

Lieber Sonne im Herzen als einen Schatten auf der Lunge.

Wenn das Pflichtbewusstsein in Form eines Heiligenscheins als Migräne in die Gehirnrinde drückt:

Lieber 'ne gesunde Verdorbenheit als 'ne verdorbene Gesundheit.

Für wagemutige Motorradfahrer:

Lieber fünf Minuten feige als ein Leben lang tot.

Lieber arm dran als Bein ab.

Lieber breit grinsen als schmal denken

Hier einige weitere Beispiele – eher für daheim und die Freizeit:

Lieber eine gute Stellung als eine gute Arbeit.
Lieber fünf vor zwölf als keine nach Mitternacht.
Lieber absahnen als zubuttern.
Lieber Ostern als Western.
Lieber mit der Sekretärin schlafen als den Chef decken.
Lieber Wein, Weib und Gesang als Bier, Mann und Gebrüll.
Lieber entweder als oder doch.
Lieber keine Spiegel als jeden Morgen erschrocken.
Lieber besser machen als gut kritisieren.
Lieber Rummenigges Füße als Goethes Faust.
Lieber eine 5 in Deutsch als überhaupt keine persönliche Note.
Lieber sechs Stunden Schule am Tag als gar keinen Schlaf.
Lieber einen Sprung in der Schüssel als gar keine Tassen im Schrank.
Lieber Eis am Stiel als Dreck am Stecken.
Lieber ein wackliger Kneipentisch als eine feste Beziehung.
Lieber ein Stuhlbein, das wackelt, als ein Holzbein, das brennt.
Lieber niederträchtig als hochschwanger.
Lieber unheimlich gut drauf als total unten durch.
Lieber ein schlechter Gewinner sein als ein guter Verlierer.

Lieber heimlich schlau als unheimlich blöd.
Lieber fernsehmüde als radioaktiv.
Lieber ein Stiefmütterchen als gar keine Verwandten.
Lieber dick als doof.
Lieber ein Loch in der Hose als ein Gewitter im Anzug.
Lieber Sekt saufen und rumbumsen als abwarten und Tee trinken.
Lieber siebenmal mit Schneewittchen als einmal mit den sieben Zwergen.
Lieber bisexuell als nie sexuell.
Lieber eingebildet ausgehen als ausgebildet eingehen.

Und natürlich ein genialer Klassiker:

Lieber einmal Sydney Rome als zweimal Paris–Dakkar.

Weitere Sprüche nach diesem Strickmuster finden sich im einen oder anderen Kapitel dieses Buches.

Fruchtbare Begegnungen

Ein Mann ist immer so jung wie die Frau, die er gerade fühlt.

Erst war es nur ein Blickgefecht, dann hat er für den Blick geblecht.

20 Minuten Rittmeister und 20 Jahre Zahlmeister.
(Aus einem Witzbuch um 1900)

Junge, sei mutig, Junge, sei stark!
Mach's ohne Gummi, spar dir die Mark!
Der Junge war mutig, der Junge war stark.
Jetzt zahlt er im Monat 900 Mark.
(Aus einer Internetseite 100 Jahre später)

Aus Spaß wurde Ernst – und Ernst wird heute vier Jahre alt.

Von Meistern und Schülern

Bei Idries Shah fand ich einmal die drei Stadien beschrieben, die ein Schüler gegenüber seinem Lehrer durchläuft:

1) Idealisierung
2) Ablehnung
3) realistische Sicht

Bei Michael Marie Jung findet sich gleich eine Serie von klugen Aphorismen zu diesem Thema:

Fremdbelehrung, die nicht zeitig in Selbstbelehrung mündet, endet in Unmündigkeit.

Es sollte das höchste Ziel eines Lehrers sein, sich überflüssig zu machen.

Die größte Strafe für einen guten Lehrer: wenn seine Schüler zu Anhängern werden.

Wenn du dich von guten Vorbildern gelöst hast, darfst zu ihnen stehen.

Mein wichtigster Lehrer, Helm Stierlin, sagte einmal:

Ein Schüler lernt nie so viel, wie wenn sein Lehrer einen Fehler macht.

Zusammenfassen könnte man so:

Identifikation mit dem idealisierten Meister führt bei Jüngern zu schnellerem Lernen.*

Ein Problem mit Jüngern gibt es erst, wenn die Jünger Jünger bleiben und dabei älter und älter werden.*

Dummheit und Stolz

Der Heidelberger Professor für Sonderpädagogische Psychologie, Karl-Ludwig Holtz, erzählte mir einmal schmunzelnd von einem Eigentor, das er in einer Vorlesung geschossen hatte. Er wollte statistische Grundlagen vermitteln, indem er lernerleichternd an die Alltagserfahrungen der Studierenden anknüpfte. Zur Korrelationsrechnung fiel ihm spontan das folgende Sprichwort ein:

Dummheit und Stolz wachsen aus einem Holz.

Erst durch das Gelächter der Studenten wurde er darauf aufmerksam, dass er einen Moment seinen Namen vergessen hatte. Die Lockerheit, mit der Karl-Ludwig Holtz darüber berichtete, zeigt eine Haltung, die ich mal so beschrieben fand:

Es ist eine der schwierigsten gymnastischen Übungen, sich selbst auf den Arm zu nehmen.

Karl-Ludwig Holtz hatte später auch mal einen interessanten Vorschlag:

Die Sportschau wählt jedes Jahr „Das Tor des Jahres“.
Könnte man nicht analog jedes Jahr auch „Den Tor des Jahres“ wählen?

Von Pferden und Sätteln

Du kannst nicht zwei Pferde mit einem Hintern reiten.
(Woody Allen)

Wenn du entdeckt hast, dass du ein totes Pferd reitest, steig ab.
(Sprichwort der Dakota-Indianer)

Es ist einsam im Sattel, seit das Pferd gestorben ist.
(Vermutlich Hans-Günther Winkler nach dem Tod von Halla)

Dogmatiker sitzen fest in den Sätteln, aber die Pferde sind ohne die Sättel auf und davon.

Das höchste Glück der Pferde ist der Reiter auf der Erde.

Vom Aphoristiker Gerhard Uhlenbruck gibt es fast ein Dutzend Aphorismen zu diesem Themenkreis:

Wer andere in den Sattel hebt, muss sich nicht wundern, wenn sie anschließend auf dem hohen Ross sitzen.

Diejenigen, die auf dem hohen Ross sitzen, haben meist auch nur Pferdeverstand.

Leute, die auf dem hohen Ross sitzen, sind oft weniger beschlagen als das Pferd, auf dem sie sitzen.

Wer auf dem hohen Ross sitzt, hat nicht aufs richtige Pferd gesetzt.

Wer in einer Sache nicht sattelfest ist, sollte nicht immer darauf herumreiten.

Nicht jeder, der auf hohem Ross sitzt, ist auch sattelfest.

Ein Kamel ist ein Rennpferd, das von einem Komitee entworfen wurde.
(B. Schleppey)

Der gute Vorsatz ist ein Pferd, das oft gesattelt, aber selten geritten wird.
(Mexikanisches Sprichwort)

Wenn einer dir sagt, du bist ein Esel, mach dir nichts daraus.
Sagen es mehrere, kaufe dir einen Sattel.

Frage und Antwort

Vor Jahren fand ich eine Karikatur, die mich begeisterte. Ich meine, sie war von Tomaschoff. Auf dem Bild: ein Therapeut und ein Patient.
Der Therapeut sagt:

Der Weg ist das Ziel, und die Frage ist die Antwort.

Der Patient antwortet:

Dann ist ihre Rechnung meine Bezahlung.

Das erinnerte mich an einen Spruch, den ich mal gelesen habe:

Dumme Fragen stellen kann jeder. Aber auf ernst gemeinte Fragen dumme Antworten geben, dazu gehört schon ein gewisses Können.

Vor Jahrzehnten hat mich immer wieder gewundert, dass Journalisten dem seligen Franz Josef Strauß regelmäßig eine spezielle Antworttechnik widerspruchslos durchgehen ließen. Auf unangenehme Fragen pflegte er zu antworten:
So kann man diese Frage nicht stellen.
Dann stellte er die Frage neu und antwortete auf seine eigene Frage.
Daraus kann man lernen:

Wenn ich eine Frage nicht beantworten kann, kann ich immer noch selbst die Frage neu stellen und auf meine eigene Frage antworten.*

Bert Hellinger meint dazu ohnehin:

Wer fragt, hat deshalb noch kein Recht auf eine Antwort.

Ob sich das folgende Gedicht auf Strauß bezog, konnte ich nie herausfinden. Vielleicht hat es einer seiner verzweifelten Interviewer getextet:

Das Wasser ist trüb, die Luft ist rein.
Franz-Josef muss ertrunken sein.

Angeblich hat Strauß auch mal gesagt:

Es gibt Leute, die vertreten ihre Argumente wie andere Leute ihre Füße.

Falls man rhetorisch die Füße auf der Stelle vertritt oder sonst nicht mehr weiterkommt, sei es als Politiker, Seminarleiter oder Berater, ist noch nicht alles verloren. Man kann man immer noch sagen:

Diese Frage ist so gut, dass ich sie nicht durch meine Antwort verderben möchte.

Vieldeutig anregend empfinde ich den Spruch:

Es gibt Antworten, die keiner Frage bedürfen.

Michael Marie Jung mahnt:

Fragezeichen sollten hinter vielen Antworten stehen, Ausrufezeichen hinter vielen Fragen.

Bevor das Kapitel zu lange wird, möchte ich dieses Thema mit einem Aphorismus von Hans Kudszus abschließen:

Antworten finden heißt: vom Fragen ermüdet sein.

Vom Umgang mit Forschern und Kritikern

Einer der vielen Sprüche, die ich mal gelesen habe, aber deren Autor ich nicht mehr finden konnte, lautet sinngemäß:

Es ist gut, dass es Schriftsteller gibt, die ab und zu etwas schreiben. Sonst hätten die Literaturkritiker nichts zu kritisieren und zu besprechen.

Bezüglich Psychotherapie wird heute sehr viel Wert auf wissenschaftliche Überprüfung gelegt. Dies ist wichtig und richtig, da es auch immer wieder Scharlatanerie auf dem Gebiet der Psychotherapie und Beratung gibt. Manchmal scheint man unterdessen über das Ziel hinauszuschießen. Es zählt nur noch Wissenschaftlichkeit. Die als wissenschaftlich überprüft geltenden therapeutischen Konzepte waren jedoch schon wirksam, bevor die Überprüfung ihre Wirksamkeit belegte. Die therapeutischen Techniken wurden und werden lange vor ihrer wissenschaftlichen Überprüfung entwickelt.
Von daher könnte man obigen Satz umformulieren:

Es ist gut, dass es psychotherapeutische Praktiker gibt, sonst hätten die Psychotherapieforscher nichts zu erforschen.*

Hans R. Franzmeyer meint zudem:

Viele „wissenschaftliche Erkenntnisse“ sind oft nur Binsenweisheiten auf Stelzen.

Auf Versuche, Neues zu entwickeln, wird oft mit der Keule „nicht wissenschaftlich“ und „nicht empirisch gesichert“ eingeschlagen.
Der Komponist Sibelius meinte:

Hören Sie nicht auf das, was die Kritiker sagen. Für einen Kritiker ist noch nie ein Denkmal errichtet worden.

Allgemein gilt auch ohne empirische Überprüfung:

Die Kritik sagt manchmal mehr über den Kritiker als über den Kritisierten aus.

Dies weist auf den projektiven Aspekt von Kritik hin, was sich auch in den nächsten Sprüchen zeigt:

Wenn du mit dem Finger auf jemanden zeigst, zeigen drei Finger auf dich.

Etwas flapsig gefasst vielleicht auch:

Jeder gute Katholik sollte wenigstens einmal im Jahr an der Fronleichnamsprojektion teilnehmen.

Doch es war Robert Gernhardt, der dies unnachahmlich auf den Punkt gebracht hat:

Die schärfsten Kritiker der Elche
waren früher selber welche.

Für diejenigen, die über Kritiker massiv verärgert sind, gibt es noch einen versöhnlichen und tröstlichen Spruch zum Abschluss. Er stammt vom Schauspieler und Schriftsteller Harald Pinter:

Kritiker sind Leute, die ursprünglich Henker werden wollten, diesen Beruf aber knapp verfehlt haben.

Gerhard Uhlenbruck und eine gesundheitspolitische Rede

Einer der größten Aphoristiker unserer Zeit ist der Kölner Medizinprofessor für Immunbiologie Gerhard Uhlenbruck. Er hat die letzten 15 Jahre beinahe jährlich neue Aphorismensammlungen publiziert. Die meisten seiner enorm geistreichen Sprüche spiegeln medizinisch-heilkundliche Themen wider.
Eine befreundete Oberärztin hat mich gebeten, ihr einige Sprüche für eine Rede zu schicken, die sie vor Ärzten, Kassenvertretern und Politikern zu halten hatte. Sie wollte die Gelegenheit nutzen, auf die weiterbestehende Notwendigkeit einer guten Nachsorge für Krebspatienten hinzuweisen, denn die bisherige gute Nachsorge war durch Kürzungen bedroht.
Vor allem aus zwei meiner vielen Uhlenbruck-Büchern erstellte ich eine Materialsammlung. Ohne zu wissen, was die genauen Ziele ihrer Rede waren, versuchte ich doch, Beispiele zu geben, wie sich solche Aphorismen – auch in Kombination – rhetorisch wirksam und suggestiv in eine Rede einbauen lassen.

Materialsammlung aus dem Aphorismenbuch „Kein Thema“ von Gerhard Uhlenbruck:

Psychosomatik ist keine andere Seite der Medizin, aber Medizin von einer anderen Seite.

Der Patient hat Anspruch auf ein Gespräch, aber der Arzt möchte nicht immer darauf angesprochen werden, denn diese Zeit ist kein Geld für die Kassen.

Wenn es abwärts geht, kann man keine große Sprünge mehr machen – außer beim Skispringen.

Wer Schiffbruch erlitten hat, schwimmt immer mit dem Strom.

Die häufigste Form des Diebstahls betrifft einen selbst: Wie oft stiehlt man sich aus der Verantwortung.

Materialsammlung aus dem Aphorismenbuch „Der Zweck heiligt die Kittel“ von Gerhard Uhlenbruck:

Bei schweren Fällen fällt die Wahrheit schwer. Lebenskürzlich ist genauso schockierend wie lebenslänglich. Es gibt so gut wie keine Begnadigung.

Fortschritt der Menschen: Schritte vom Menschen fort.

Beispiel für Verwendung in einer Rede, die für eine gute Nachsorge wirbt:

Lebenskürzlich ist genauso schockierend wie lebenslänglich. Jeder Patient hofft auf Begnadigung, und dazu braucht er die Begleitung. Der Patient hat Anspruch auf ein Gespräch, und das vielleicht mehr als einmal. Vielleicht nicht alle Gespräche auf einmal in drei Wochen, sondern auch noch einmal und noch einmal nach einigen Wochen und Monaten. Der Patient hat Anspruch auf ein Gespräch, aber der Arzt möchte nicht immer darauf angesprochen werden, denn diese Zeit ist kein Geld für die Kassen. Fortschritt in der Medizin sollte aber nicht bedeuten: Schritte vom Menschen fort.

Lassen Sie mich nun zu den konkreten Vorschlägen kommen …

Fortsetzung der Materialsammlung Uhlenbrucks „Der Zweck heiligt die Kittel“:

Krebs: ein schicksalhaftes Ereignis, nachdem sich etwas Schicksalhaftes ereignet hat.

Der Arzt muss oft einschneidende Maßnahmen verordnen, ohne den Patienten zu verletzen.

Patienten sind auch Menschen – und das ist das Einzige, was manchmal den Klinikbetrieb stört.

Gesundheitsreformgesetz: Modellfall oder der Fall eines Modells?

Krebsforschung: Leider haben wir dem Stein der Weisen nur unsere weiche Birne entgegenzusetzen.

Das Image unserer Kliniken sorgt dafür, dass die meisten Menschen sich große Mühe geben, gesund zu leben.

Aus dem eingelieferten Kranken sollte weder der abgelieferte Fall noch der ausgelieferte Patient werden.

Wir haben die veraltete Medizin durch die verwaltete Medizin ersetzt.

Dem Kampf gegen die Krankheit hat die Verwaltung den Papierkrieg entgegenzusetzen.

Die Mediziner sind nicht inhuman, sie haben nur keine Zeit, human zu sein.

Richtig leben kann nur der, der schon einmal nicht richtig gestorben ist.

In der Medizin sollte alles Notwendige möglich sein, aber nicht alles Mögliche notwendig.

Eines Tages wird es noch den Facharzt für humane Medizin geben.

Weiteres Element für eine gesundheitspolitische Rede:

In der Medizin sollte alles Notwendige möglich sein, aber nicht alles mögliche notwendig. In unserer Gesellschaft besteht, schon alleine aufgrund der Alterspyramide, die Notwendigkeit zu sparen.
Lassen Sie uns zur Frage kommen: Was ist wirklich notwendig? **Ich nehme nicht an, dass wir eines Tages den Facharzt für humane Medizin anstreben,** sondern gemeinsam den Anspruch haben, eine insgesamt effiziente, kostenbewusste und humane Medizin fortzuentwickeln …

Weitere Materialsammlung aus mehreren anderen Büchern von Gerhard Uhlenbruck:

Man sollte den Ast, auf dem man gerne einmal sitzen möchte, nicht ansägen.

Element für die Rede:

Den Gesundheitspolitikern, den in den Kassen Verantwortlichen könnte man sagen: **Man sollte den Ast nicht ansägen, auf dem man selbst als Kranker einmal sitzen könnte.**

Auch Milchmädchenrechnungen müssen bezahlt werden, oft sogar recht teuer.

Ein Mensch, der sich eine Aufgabe gibt, gibt sich nicht auf.

Wer aus der Bahn geworfen wird, sollte die Weichen für sein Leben neu stellen.

Auf dem Gipfel des Erfolgs finden wir ein Kreuz – für die Leichen, über die wir gegangen sind.

Element für die Rede:

Der Kölner Medizinprofessor und Aphoristiker Gerhard Uhlenbruck schreibt: **Auf dem Gipfel des Erfolgs finden wir ein Kreuz – für die Leichen, über die wir gegangen sind.** Das kann nicht das Ziel unserer Sparmaßnahmen sein.

Vom Altersschwachsinn eines Festredners und der Technik eines Ghostwriters

Bei einer gesundheitspolitischen Rede mit Aphorismen von Gerhard Uhlenbruck benutzte ich Techniken, die ich im amerikanischen Buch *Podium Humor* von James Humes kennen gelernt habe. James Humes hat für fünf amerikanische Präsidenten und für viele andere prominente Leute Reden geschrieben. Man kann also davon ausgehen, dass der Mann weiß, wie man gewitzte Reden schreibt. Das Buch ist nicht ins Deutsche übersetzt.
Humes benutzt in seinem Buch hauptsächlich witzige Anekdoten und Witze, um politische Themen und Ziele effizient in Szene zu setzen. Es lassen sich jedoch auch Aphorismen und Sprüche verwenden.
Dies, obwohl Klaus Bernhardt meint:

Einen Aphorismus kann man nicht aus dem Zusammenhang reißen. Das unterscheidet ihn vom Zitat, weshalb er in Reden nicht so oft verwendet wird.

Im Folgenden ein weiteres Beispiel für die Nutzung von Aphorismen in einer Rede.
Vor einigen Jahren war ich anlässlich des fünfjährigen Jubiläums einer größeren regionalen Arbeitsgemeinschaft von Ärzten und Psychologen eingeladen, den Festvortrag zu halten. Zu Beginn der Festlichkeiten begrüßte mich der Gastgeber als Ehrengast. Ich war einerseits amüsiert, aber auch etwas geschockt und kam mir plötzlich alt und grau vor. Kurz zuvor hatte ich den Vorsitz der größten deutschen Hypno-

segesellschaft übernommen, und ich dachte mir, dass dies wohl der Preis für dieses politische Amt ist und ich jetzt eben plötzlich Ehrengast und nicht mehr einfach nur Freund und Kollege bin.
Ich war auch etwas betroffen angesichts dieser formellen Anrede und Vorstellung und versuchte, das humorvoll zu adressieren.
So begann ich meinen Festvortrag mit einem Zitat von Bertrand Russell, wie es mir in Erinnerung war:

Als ich jung und fit war, habe ich Mathematik gemacht.
Als es dafür nicht mehr gereicht hat, habe ich in die Philosophie gewechselt,
und als es dafür nicht mehr reichte, in die Politik.

Ich fuhr dann fort:
In Anlehnung an Bertrand Russel möchte ich sagen:

Vor zehn und fünf Jahren habe ich hier in dieser Stadt noch unterrichtet und Workshops gehalten.
Dass ich einen Festvortrag halten muss, damit hatte ich mich abgefunden,
aber dass ich als Ehrengast vorgestellt werde, damit hatte ich noch nicht gerechnet.

Nun gut. Der berühmte Physiker Werner Heisenberg sagte einmal:

Die Philosophie ist der Altersschwachsinn der Physiker.

Ich hoffe, mein Vortrag spiegelt noch etwas von dem wider, wozu ich früher einmal praktisch in der Lage war.

Kommentar:

Der erfahrene Hypnotherapeut erkennt darin vielleicht auch die Technik des „Seedings" und der Sozialpsychologe das „Priming". Dabei geht es darum, eine Botschaft vorzubereiten. Manche kennen das von Techniken der Werbeagenturen, die im *Handelsblatt* oder in der *FAZ* erst mal eine ganzseitige Anzeige schalten, nur um neugierig zu machen. Wenn man umblättert, kommt dann die eigentliche Werbebotschaft mit dem Produktnamen. Die erste Werbeseite diente nur der Vorbereitung der eigentlichen Botschaft. Die Werbeleute würden dieses teure und aufwändige Verfahren nicht wählen, wenn es sich nicht als effizient erwiesen hätte.
Es hat auch mal jemand gesagt:

Wenn im ersten Akt eines Theaterstücks ein Gewehr auf der Bühne hängt, wird später noch geschossen.

Von der Jungfräulichkeit und guten Fahrern

Als sich die Sexualmoral Ende der 60er-Jahre änderte, bot die katholische Kirche ein Wochenende für männliche Jugendliche zum Thema Sexualität an. Der Referent, ein Pädagogikprofessor, behandelte das Thema witzig und spannend.
Er kam schließlich zum Thema Sex vor der Ehe und vertrat die strenge Moralauffassung der katholischen Kirche. Es entspann sich eine Diskussion.
Der Referent ging einerseits weiter humorvoll und souverän mit dem Thema um, kam aber doch andererseits etwas unter Druck, als einer der Teilnehmer sich gegen das Sündenmodell der Kirche wandte und vor allem infrage stellte, dass Mädchen unbedingt jungfräulich in die Ehe zu gehen hätten. Der Referent griff zu einem etwas gewagten Vergleich:
„Wenn du dir ein Auto kaufst, was ist dir dann lieber: ein Neuwagen oder ein Gebrauchtwagen?"
Der junge Mann beendete diesen Teil der Diskussion unter dem Jubel aller Teilnehmer, indem er sagte:
„Also ich bin der Meinung:

Ein guter Fahrer macht aus jedem Wagen was."

Ein Beispiel, wie man mit einem guten Spruch eine Diskussion beenden und für sich entscheiden kann.
Gabriel Laub schrieb etwas, das leicht abgewandelt auch hierher passt:

Zitate sind besser als Argumente. Mit Zitaten kann man einen Meinungsstreit gewinnen, ohne den Gegner zu überzeugen.

Lebenserfolg von Mann und Frau

Hinter jedem erfolgreichen Mann steht eine Frau, die ihn stützt.
Hinter jeder erfolgreichen Frau steht ein Mann, der sie bremst.

Unter jedem erfolgreichen Mann liegt (mindestens) eine Frau.

Ich weiß ja nicht, ob Bert Hellinger mit folgender Ordnungsregel einverstanden wäre:

Erfolg: Er folg-te seiner Frau (und umgekehrt?).*

Wolfgang Mieder und Phrasen verdreschen

Der deutschstämmige Professor Wolfgang Mieder ist der wohl bedeutendste Sprichwörter- und Aphorismusforscher weltweit. Er lehrt an der Universität Vermont in den USA. Er hat dutzende von einschlägigen deutsch- und englischsprachigen Büchern verfasst. Darin enthalten sind auch politisch sehr interessante Arbeiten wie: *Zur Sprichwortmanipulation in Adolf Hitlers „Mein Kampf“*.

Für einen Hypnosetherapeuten besonders wertvoll sind seine Sammlungen von Varianten bekannter Sprichwörter und Zitate, die er in mehreren Bänden publiziert hat. Die wichtigsten Titel sind: *Phrasen verdreschen, Verkehrte Worte* und *Verdrehte Weisheiten*, die alle in den letzten Jahren im Verlag Quelle & Meyer erschienen sind. Diese oft verblüffenden Varianten von Sprüchen können einen leicht tranceinduzierenden Effekt haben. Milton Erickson, dem Meister moderner Hypnose, wurde nachgesagt, dass er mittels Unterbrechung der bewussten Erwartungshaltung hypnotisiere. Also dass mit Überraschungseffekten, Verblüffung und milden „Schocks“ leichte Trancezustände erzeugt werden, die für Veränderungsprozesse hilfreich sind. Die besagten Varianten von Sprüchen oder Zitaten haben sehr oft diesen Verblüffungscharakter, der zum Beispiel auch gerne in der Werbung zu Beeinflussungszwecken genutzt wird.

Als kleines Beispiel für diesen Effekt siehe das Beratungsbeispiel im Kapitel *Entfernte Verwandte* im vorliegenden Buch.

Klienten oder Patienten kommen oft zum Arzt, Therapeuten oder Berater, weil sie wie „vernagelt“ sind. Sie „sehen vor lauter Bäumen den Wald nicht mehr“ oder haben „ein Brett vor dem Kopf“.
Im Folgenden einige der vielen Varianten von „Ein Brett vor dem Kopf haben“, die bei Mieder im Buch *Phrasen verdreschen* aufgelistet sind. Es wurden nur diejenigen ausgewählt, die einen gewissen zumindest leichten Verblüffungsgrad haben und sich möglicherweise in Therapie und Beratung einsetzen lassen.

Jeder Mensch hat ein Brett vor dem Kopf – es kommt nur auf die Entfernung an.
(Marie von Ebner-Eschenbach)

Auch die Bretter, die mancher vor dem Kopf trägt, können die Welt bedeuten.
(Werner Finck)

H. trug das Brett vor seinem Kopf mit solcher Selbstverständlichkeit, als sei er damit auf die Welt gekommen.
(Eugen Gürster)

Mit einem Brett vor dem Kopf kommt man viel leichter durch die Wand.
(Gerhard Uhlenbruck)

Damals im alten Rom, als das Brett vor dem Kopf noch aus Marmor war.
(Werner Mitsch)

Ein Brett vor der Stirn schont das Gehirn.
(René Hildebrand)

Auf dem Brett vor seinem Kopf stand in großen Lettern: Spezialist.
(Werner Mitsch)

Besser ein Brett vor dem Kopf als keines unter den Füßen.

Er hat ein derartiges Brett vor dem Kopf, man könnte seinen Sarg daraus zimmern.
(Peter Tille)

Manche Leute haben ein Brett vor dem Kopf, das ihnen die Welt bedeutet.
(Winfried Bornemann)

Ein Astloch im Brett vor dem Kopf erweitert den Horizont um ein Vielfaches.
(Werner Mitsch)

Was nützt dir der Stein im Brett vor seinem Kopf.
(Ronald Jannasch)

Wenn man den Blick nicht hebt, wird die Schreibtischplatte zum Brett vorm Kopf.
(Manfred Strahl)

Wenn man ein Brett vor dem Kopf hat, ist es schwer, selbst offene Türen einzurennen.
(Gerhard Uhlenbruck)

Wenn das Herz in die Hose rutscht

Das Herz, das in die Hose rutscht, ist ein gebräuchlicher Vergleich dafür, dass einen der Mut verlässt. Aus der Sammlung von Wolfgang Mieder stammen die folgenden Sprüche, die sich vielleicht im einen oder anderen beraterisch-therapeutischen Kontext nutzen lassen.

Man sagt, dass einem das Herz in die Hose rutschen kann, es kann einem aber auch genauso gut zu Kopfe steigen.
(Gerhard Uhlenbruck)

Sein Herz rutschte ihm in die Achillesferse.
(Milovan Vitezovic)

Wenn einem das Herz in die Hose rutscht, schlägt es automatisch höher.
(Gerhard Uhlenbruck)

Er hatte das Herz in der Hose auf dem rechten Fleck.
(Ulf Annel)

Thematisch damit zusammenhängend:

Das Herz des Feiglings schlägt schneller, dafür aber auch länger als das des Helden.
(Zarko Petan)

Einen ganz anderen Aspekt von Herz und Hose zeigte vor einigen Jahren der Schauspieler Heinz Drache auf:

Junge Mädchen von heute ziehen Hosen an, um wie Jungen auszusehen, und durchsichtige Blusen, um zu beweisen, dass sie keine sind.

Mein Lieblingsspruch, den ich schon öfters in therapeutischen Kontexten benutzt habe, ist allerdings nicht in der miederschen Sammlung enthalten.

Es kommt nicht auf die Hose an, sondern auf das Herz, das darin schlägt.

Semi-nah und *Meta-fern* und andere *sin-ful* Wortspiele

Anlässlich der berühmten Rottweiler Fasnet findet (fast) jedes Jahr in Rottweil für eine überschaubare Gruppe von Therapeuten und Beratern ein spezielles Seminar statt. Wir spielen, der Fasnetszeit gemäß, mit viel Spaß ganz ernst mit Worten. Einige wenige professionelle Wortspieler wie Deutschlehrer und Kabarettisten dürfen jeweils ausnahmsweise an diesem Fachseminar teilnehmen. Das Seminar hat den Titel: *Semi-nah & Meta-fern.*[10]

Einer der Teilnehmer brachte folgende Beratungssituation in eines dieser Seminare ein:

Ein Klient vermutet, seine Frau treffe sich ab und zu mit einem Freund der Familie. Mit diesem Freund ist er dazu noch stark geschäftlich verbandelt. Er zögert mit den Recherchen, weil er befürchtet, dass er damit beruflich und privat viel bis alles kaputtmachen könnte.

Sein Ziel: Unterstützung dafür, dass er nicht durch unüberlegtes Handeln das zerstört, was er eigentlich bewahren möchte. Er sagt: Vielleicht sollte ich mich in dieser Situation besser an das Sprichwort halten:

Was ich nicht weiß, macht mich nicht heiß.

Die Übungsgruppe im Workshop suchte in den bereits genannten Büchern von Wolfgang Mieder nach Varianten des Spruches, und daraus wurde dann ein Rat an den Klienten erarbeitet.

Potenzielle Sprüche:

**Was ich nicht weiß, macht mich nicht heiß.
Mein Gott, wer wäre nicht schon verschmort, wenn er alles wüsste?**

**Was ich nicht weiß, macht mich nicht heiß.
Was ich nicht weiß, macht mich nicht kalt.**

**Was alle wissen, das lässt mich ganz kalt.
Was ich nicht weiß, kann ich nicht vergessen.
Was ich nicht weiß, macht andere reich.**

**Was ich nicht weiß, macht mich heiß.
Was jeder weiß, lässt mich kalt.**

**Was ich nicht weiß, geht niemanden was an.
Was ich nicht weiß, währt am längsten.**

Später fasste ich die Ideen der Übungsgruppe zusammen und ergänzte sie mit eigenen Ideen. Gedacht ist das Folgende als abschließender zusammenfassender Kommentar am Ende der Beratungsstunde:

Wenn ich noch mal für Sie zusammenfassen darf:
Sie können natürlich einen Privatdetektiv beauftragen, sie können aber auch denken:

Was ich nicht weiß, macht meinen Rechtsanwalt nicht reich.*

Gut, eine ihrer Freundinnen macht immer Andeutungen, vielleicht ist es trotzdem clever, Sie finden eine Haltung:

Was ich nicht weiß, geht niemanden was an.

Vielleicht sagen Sie auch dieser Freundin:

Gute Zäune machen gute Nachbarn.

Ein Ehepaar wurde anlässlich der eisernen Hochzeit gefragt, ob es nie an Scheidung gedacht habe.
Die Frau antwortete: An Scheidung nie, nur an Mord.
Der Mann antwortete: Mir hat einmal ein amerikanischer Freund gesagt:

Jeder hat ein *public life,* ein *private life* und ein *secret life.*

Und da habe ich mir früher ab und zu gesagt:

Was ich nicht weiß, währt am längsten.

Außerdem, wenn ich mich recht erinnere, hat Ihnen Ihr Hausarzt dringend geraten, alles zu meiden, was Ihren Blutdruck steigert. Alleine von daher könnte man ergänzen:

Was ich nicht weiß, macht mich nicht kalt.

Inkognito – ergo sum

Eine der Übungen in einem der besagten Fasnetsseminare *Semi-nah & Meta-fern* war, sich selbst als Aphoristiker an der Variation von bekannten Sprüchen zu versuchen.
Die Ausgangssprüche waren:

Liebe deinen Nächsten wie dich selbst.
Cogito, ergo sum. – Ich denke, also bin ich.
Geben ist seliger denn nehmen.
Der Geist ist willig, aber das Fleisch ist schwach.
Was Gott zusammengefügt hat, soll der Mensch nicht scheiden.
Wer anderen eine Grube gräbt, fällt selbst hinein.

Im Folgenden einige teils wirklich verblüffende Ideen der *Semi-nah*-Teilnehmer.

Lieber einen Nächsten als zwei von deiner Sorte.
Liebe dich selbst. Als Nächsten.
Liebe dich selbst – nächtelang.
Liebe deine Nichte, nicht dich selbst.
Schiebe deinen Nächsten – unter dich selbst.
Liebe deine Nächte, aber nicht an den Tagen.

Ich sinke, also schwimm' ich.
Ich bremse, also leb' ich.
Ich bin und denke nichts dabei.
Ich leide, also bin ich.
Ich lenke, also schimpf' ich.
Inkognito, ergo sum.

Ich streite, also bin ich.
Ich neide, also bin ich.

Geben ist recht, nehmen ist billiger.
Geben ist teuer, nehmen ist billig.
Angeben ist recht, annehmen ist billiger.
Wer zugibt, immer zu nehmen, darf sich auch herausnehmen, mal was zu geben.

Dein Geist ist so billig, aber dein Fleisch macht mich schwach.

An dem, was Gott zusammengefügt hat, soll der Mensch nicht leiden.
Was Gott gefügt hat, muss das Paar manchmal erstreiten.

Wer anderen in die Grube fällt, ist selber schuld.

In einem Seminar beschäftigten wir uns in einer Übung mit Sprüchen. Die Aufgabe lautete: Welchen Spruch darf man in welcher therapeutischen Situation ganz bestimmt NICHT verwenden?
Die häufigste Nennung hatte:

Tumor ist, wenn man trotzdem lacht.

Die Kollegen waren sich einig, dass dies bei einem Krebskranken absolut nicht angebracht sei.
Monate nach dem Seminar berichteten mir unabhängig voneinander zwei Kollegen, dass gerade dieser Spruch bei einem Krebskranken eine wichtige therapeutische Rolle gespielt habe.
Eine Variante für einen Arzt, Psychologen oder Seelsorger könnte sein:
Sie haben gerade diese für Sie völlig überraschende Diagnose „Krebs" bekommen. Einer der Pioniere der Begleitung von Menschen mit Krebsdiagnose, Bahne Bahnsen, betont:
Das Wichtigste direkt nach einer solchen Diagnose ist, die Hoffnung zu behalten. Angst ist schlecht für die körpereigene Abwehr.
Es gibt die Geschichte eines Mannes, der ebenfalls eine schwere Krankheit prognostiziert bekam. Er ging davon aus:

Lachen ist die beste Medizin.

Er lieh sich viele lustige Filme aus und schaute regelmäßig diese lustigen Filme und lachte. Er gesundete und schrieb ein Buch. Deswegen gilt in Ihrem Fall als Pflichtprogramm:

Tumor ist, wenn man trotzdem lacht.

Im Übrigen ist in Ihrem Fall mit den heutigen medizinischen Möglichkeiten ihre Prognose ohnehin sehr gut.

Kommentar:

Bei der Übung „Welchen Spruch darf man bei welchem Patienten nicht verwenden?" fällt immer wieder auf, dass Situationen genannt werden, die auf der Einfühlebene, der Empathieebene, problematisch sind. Sobald man jedoch therapeutische Ziele definiert, sobald sich der Therapeut die Fragen stellt:

- Was möchte ich meinem Patienten, meiner Klientin vermitteln?
- Was will ich sagen?
- Was würde vielleicht helfen?,

hat er sofort sehr viel mehr Möglichkeiten, Sprüche, Witze oder Geschichten therapeutisch sinnvoll einzusetzen.

Motorradfahrer-Weisheiten oder: Eile mit Weile

Das Leben wird immer schneller. Die Verkehrsmittel werden immer schneller.
Doch was helfen uns alte Motorradfahrerweisheiten wie:

Wir sind immer etwas schneller als die anderen; wenn die noch rutschen, dann liegen wir schon?

Und:

Wir wissen zwar nicht wohin, aber wir sind schneller dort?

Oder:

Der eine stolperte. Der andere ging noch einen Schritt weiter und fiel auf die Nase?
(Werner Mitsch)

Bert Hellinger meint:

Extremsportler müssen sich den Tod hart erarbeiten.

Und:

Tote haben Zeit.

Vielleicht halten wir uns da doch eher an den Satz des bekannten Formel-1-Rennfahrers Emerson Fittipaldi:

Die Kunst des Autofahrens: so langsam wie möglich der Schnellste zu sein.

Vom Tauchen und Eintauchen in eine tiefe Trance

Der Hypnosetherapeut benutzt zur Vertiefung der Trance gerne Formulierungen wie:
„Sie gehen tiefer und tiefer. Sie werden immer ruhiger und immer entspannter. Sie versinken immer tiefer und tiefer in eine tiefe Trance."
Die folgenden Bilder und Sprüche eignen sich zur Vertiefung einer hypnotischen Trance eher weniger.
Es gibt eine alte Nichtschwimmerweisheit, die lautet:

Weit schwimme ich nicht, aber tief.

Und nach Werner Mitsch könnte man leicht abgewandelt sagen:

Es gibt Taucher, die sind ganz in Gedanken versunken;
der eine verträgt dabei Meer, der andere weniger.

Selbsthypnose lernen und gesünder effizient arbeiten

Beim Hypnosetherapeuten:

Ihr Hausarzt schickt Sie zu mir, damit Sie Selbsthypnose lernen. Er macht sich Sorgen wegen ihres hohen beruflichen Stresslevels, der zu Ihrem gefährlich hohen Blutdruck beiträgt.
Sie selbst verweisen darauf, dass in der heutigen Zeit mit den vielen Kündigungen die Anforderungen immer höher werden und die Konkurrenz auch nicht schläft.
Andererseits gilt auch:

Wer schneller lebt, ist früher fertig.

Und:

Früh kaputt spart Altersheim.

Dazu kommt, Sie lieben Ihren Beruf über alles. Der Spruch:

Der Mensch arbeitet, um zu leben, und lebt nicht, um zu arbeiten,

gilt für Sie nur bedingt. Sie leben wirklich in ihrem Beruf. Ohne diese Arbeit wäre Ihr Leben deutlich weniger wert.
Ein Spaßvogel hat einmal gesagt:

Wenn schon arbeitslos, dann wenigstens in einem Beruf, der Spaß macht.

Das kann nicht unsere Lösung sein. Unser Ziel sollte sein: gesünder und lockerer leistungsfähig zu bleiben und vielleicht sogar gesünder noch leistungsfähiger zu werden. Dabei kann Ihnen das Selbsthypnosetraining helfen. Es gibt heute Techniken, die sich rasch erlernen lassen und mit denen man sogar auf den Blutdruck einwirken kann.[11]
Ich habe mal gelesen:

Manchmal überfällt mich ein unwiderstehliches Bedürfnis zu arbeiten.
Dann setze ich mich ganz ruhig hin und warte, bis der Anfall vorbei ist.

Ich weiß, das ist ganz und gar nicht ihre Einstellung. Für Sie wollen wir diesen Satz etwas modifizieren:

Manchmal überfällt mich ein unwiderstehliches Bedürfnis zu arbeiten.
Dann setze ich mich ganz ruhig hin, entspanne und gehe hinterher noch leistungsfähiger und vor allem gesünder an die Arbeit.

Und das ist vielleicht langfristig auch eine gute Grundlage dafür, an Wochenenden und an die abzufeiernden Überstunden mit dem Motto ranzugehen:

Arbeit macht Spaß. Aber Spaß beiseite.

Die Frage ist nur, wie kommen Sie von Ihrem hohen Stresslevel runter und im verdienten Wochenende an? Mein Großvater pflegte zu sagen:

Wie man schafft, so isst man.
Und wie einer isst, so schafft er.

Er hat beobachtet, dass Leute, die schnell essen, auch schnell arbeiten und umgekehrt schnelle Arbeiter auch beim Essen schnell sind.
Ich finde, Sie sollten in Zukunft etwas langsamer und genüsslicher essen, und schlage vor, wir nutzen die restliche Zeit heute für ein erstes Selbsthypnosetraining, denn schließlich gilt:

Heute ist der erste Tag vom Rest deines Lebens.

Dann bin schon gespannt, ob Sie mir einmal aus Ihrem Urlaub eine Karte schicken werden und zum Beispiel so etwas draufsteht wie:

Das einzige Problem beim Nichtstun ist, dass man nie weiß, wann man fertig ist.

Oder:

Wenn ich die Kraft dazu hätte, würde ich gar nicht mehr arbeiten.

Oder vielleicht:

Genieße das Leben beständig,
denn du bist länger tot als lebendig!

Oder Sie schicken mir eine Karte mit einem persischen Sprichwort:

Die Arbeit soll dein Pferd sein, nicht dein Reiter.

Gut, aber beginnen wir zuerst mit dem Selbsthypnosetraining, denn die fleißigen Chinesen pflegen zu sagen:

Auch der längste Weg beginnt mit dem ersten Schritt.

Zum Thema Arbeit und Arbeiten

Ergänzend zu diesem Beispiel mit dem Patienten mit zu hohem Blutdruck, einige weitere Sprüche zum Thema Arbeit. Einige mit therapeutischen Botschaften, andere einfach nur zum Spaß und für die Freizeit. Zuerst einige Sprüche für hoch motivierte Arbeiter:

Was bei uns der Arbeitsplatz, ist in Mexiko die Siesta!

Lieber eine gute Stellung als eine gute Arbeit.

Wir haben zwei Hände für die Arbeit, aber auch zwei Beine, um ihr aus dem Weg zu gehen!

Hoch die Arbeit, damit niemand rankommt.

Arbeit adelt – ich bleibe bürgerlich.

Guten Morgähn!

Dann einige Sprüche, die das Partnerschaftliche der Arbeit betonen:

Lieber Gott, erhalte mir meine Gesundheit und die Arbeitskraft meiner Frau!

Wir arbeiten zusammen. Was die Rechte nicht schafft, lässt die Linke liegen.

Hierhin passt natürlich auch ein Spruch, der ähnlich schon an anderer Stelle im Buch verwendet wurde.

Partnerschaft heißt, der Partner schafft.

Wobei man allerdings bedenken sollte, was der berühmte John Rockefeller sagte:

Ich arbeite nach dem Prinzip, dass man niemals etwas selbst tun soll, was ein anderer für einen erledigen kann.

Immanuel Kant hat schon vor mehr als 200 Jahren Grundsätzliches dazu verlauten lassen:

Es gibt nur eine Ausflucht vor der Arbeit: andere für sich arbeiten zu lassen.

Wirtschaftspolitisch durchaus mehrdeutig zu verstehen ist:

Wer faul ist, schafft Arbeitsplätze.

Gerhard Uhlenbruck hat auch zu diesem Thema etwas Geistreiches geschrieben:

Manche Menschen haben eine Kutschermentalität: Sie sitzen auf dem Bock, den sie nicht haben, und spannen andere für sich ein.

Zu guter Letzt – einen ganz anderen Aspekt zeigt das folgende Stoßgebet auf:

Herr, du hast mir das Können genommen, nun nimm mir auch das Müssen!

Davon gibt es auch die Variante:

Herr, du hast mir das Können genommen, nun nimm mir auch das Wollen!

Hypnosesitzungen und Fantasiereisen

Auch Fantasiereisen und Hypnosesitzungen lassen sich mit der kondensierten Weisheit und den oft verblüffenden Botschaften von Aphorismen, Sprichwörtern und Sprüchen garnieren und intensivieren.
Im Folgenden einige Sprüche und dann die hoch konzentriert verdichtete, eher überdosierte Einarbeitung in einen Hypnosetext.

Manchmal muss man die Augen schließen, um klarer zu sehen.

Fühl leicht ist besser als vielleicht.

Erst schließen wir die Augen, dann sehen wir weiter.

Der Mensch ist ein zielstrebiges Wesen, aber meistens strebt er zu viel und zielt zu wenig.

Die Tatsache, dass wir im Abendland leben, ist kein Grund, dass wir geistig einschlafen.

Wer schwach anfängt, sollte wenigstens stark nachlassen.

Wer kein Ziel hat, kann auch keines erreichen.

Wer nicht weiß, wohin er geht, geht am weitesten.

Es sind die kleinen Punkte, die die große Linie machen.

Auch der längste Weg beginnt mit dem ersten Schritt.

Die meisten Aufgaben lösen sich von selbst. Man darf sie nur nicht dabei stören.

Den Seinen gibt's der Herr im Schlaf.

Schau weit voraus auf den Punkt, von dem aus du zurückschaust.
(Milton Erickson)

Für angenehme Erinnerungen muss man im Voraus sorgen.

Es gibt Antworten, die keiner Frage bedürfen.

Trimm dich, spring mal über deinen Schatten.

I forgot to remember to forget.
(Liedertitel)

Erinnerungen an die Zukunft.
(Buchtitel)

Wer morgens zerknittert aufwacht, hat am Tage viele Entfaltungsmöglichkeiten.

Wer seinen Traum verwirklichen will, muss erst mal aufwachen.

Wenn man die Augen geschlossen hat, heißt es nicht, dass einen die Probleme auch nicht sehen.
Achtsamkeit entdeckt auch im Alltag Wunder.
(Michael Marie Jung)

Der folgende Text ist für einen Klienten gedacht, der sehnsuchtig darauf hofft, endlich loslassen zu können, nachdem er erfolglos viele Entspannungs- und Meditationstechniken ausprobiert hat:

Und Sie können sich entspannt hinsetzen. Ihr bewusstes Denken kann dabei anfangs noch all die Zweifel hegen, ob Sie wirklich entspannen können. Sie können daran denken, dass das bisher bei Ihnen noch nie geklappt hat. Das bewusste Denken ist vielleicht neugierig und daran interessiert zu wissen, dass Hypnose gleich Schlaf das falsche Wort ist ... und derjenige, der es erfunden hat, ein englischer Arzt mit Namen Braid, dieses Wort wieder ändern wollte, in Monoideismus, in Einideeigkeit ... konzentriert auf eine Idee ... und ich nicht weiß, auf was Sie sich konzentrieren wollen und **Manchmal muss man die Augen schließen, um klarer zu sehen** und dabei gilt: **Viel leicht ist besser als vielleicht, Fühl leicht ist noch besser als viel leicht** und **Erst schließen wir die Augen, dann sehen wir weiter** und sich dabei mehr darauf konzentrieren können und dabei wissen: **Der Mensch ist ein zielstrebiges Wesen, aber meistens strebt er zu viel und zielt zu wenig.** Und Sie können sich mehr und mehr gezielt konzentrieren, ganz gezielt auf Ihre eigenen Ziele. Sogar Ziele, die Sie hier nicht einmal benannt haben, Ziele, die nur Sie persönlich kennen. Dabei wissen, Konzentration ist eine Ihrer Stärken. Und wenn Sie gleichzeitig konzentriert, gezielt und entspannt weiter und weiter wie ein guter Bogenschütze, sowohl konzentriert als auch entspannt sich mit dem Satz beschäftigen: **Die Tatsache, dass wir im Abendland leben, ist kein Grund, dass wir geistig einschlafen,** kann ihr bewusstes Denken wissen, dass es geistig hellwach jederzeit alles kontrollieren kann und sich gleichzeitig amüsiert mit dem Satz **Wer schwach anfängt, sollte wenigstens stark nachlassen** beschäftigen und Ihr leichtes Schmunzeln zeigt, dass

Sie alles neugierig und kontrolliert erleben, bevor Sie wieder mehr und mehr tiefer und tiefer sich auf die eigenen Ziele konzentrieren und dabei entspannen, denn **Wer kein Ziel hat, kann auch keines erreichen** und **Wer nicht weiß, wohin er geht, geht am weitesten** und **Es sind die kleinen Punkte, die die große Linie machen**, Schritt für Schritt in Richtung Ziel, denn **Auch der längste Weg beginnt mit dem ersten Schritt** und dabei ist es interessant, dass Ihr Unbewusstes ganz eigene Möglichkeiten hat, Probleme zu lösen, Sie dem Ziel näher zu bringen. **Manche Aufgaben lösen sich von selbst. Man darf sie nur nicht dabei stören** und was bedeutet eigentlich **Den Seinen gibt's der Herr im Schlaf?** Und so können Sie Ihrem Unbewussten fünf Minuten lang all die Zeit lassen, die es benötigt, um Sie ihren Zielen näher zu bringen. Und vielleicht gibt es überraschende Bilder, vielleicht sind Sie plötzlich in der Zukunft. **Schau weit voraus auf den Punkt, von dem aus du zurückschaust**, wie mal jemand sagte. **Für angenehme Erinnerungen muss man im Voraus sorgen** und dabei sieht man manchmal überraschende Bilder, denn **Es gibt Antworten, die keiner Frage bedürfen** und so können Sie sich einige Minuten lang all die Zeit lassen, die Sie brauchen, um die Dinge für heute auf den Punkt zu bringen, und Sie können jederzeit in den Tag- und Nachttraumen und später in ihren Selbsthypnoseübungen bewusst wie unbewusst darauf zurückkommen, Schritt für Schritt, in Ihrem Tempo und fühl leicht bei dem Satz: **Trimm dich, spring mal über deinen Schatten.**

Und während sich Ihr Unbewusstes mit dem alten Liedertitel **I forgot to remember to forget** beschäftigt, können Sie sich bewusst und unbewusst entscheiden, welche **Erinnerungen aus der Zukunft** Sie schon heute mitbringen. Und wenn es schon richtig ist **Wer morgens zerknittert aufwacht, hat am Tage viele Entfaltungsmöglichkeiten,** umso richtiger mag es sein, Sie kommen hier mehr und mehr frisch und erholt wieder zurück, mehr und mehr hierher zurückkommen. Wieder mehr und mehr zurückkommen, denn **Wer seinen Traum verwirklichen will, muss erst mal aufwachen** und **Solange man die Augen noch geschlossen hat, können einen die neuen Lösungen auch nicht sehen!?** Und mit dem Öffnen der Augen können Sie wissen: **Achtsamkeit entdeckt auch im Alltag Wunder** und so können Sie wirklich neugierig sein, welche neuen Antworten, Entwicklungen, Lösungen überraschend im Alltag unerwartet zu entdecken sind, heute, morgen, die nächsten Tage, Stunden, Wochen …

Ein Nachsatz für den Fachmann:

Ich benutze häufig Aphorismen und Sprüche in Hypnosesitzungen, wenn auch deutlich weniger verdichtet als oben. Über die oft geschliffene sprachliche Brillanz dieser Sprüche steigert sich die Fokussierung der Aufmerksamkeit, und es laufen intensive innere Suchprozesse ab. Die Klienten entwickeln mehr kreative Ideen und Lösungen.

Erklärung für den Nichtfachmann:

Hypnose kann einerseits sehr direktiv suggestiv sein: „Von Tag zu Tag werden Sie besser und besser entspannen lernen."
In manchen Lebenslagen und für manche Menschen sind diese direkten Suggestionen hilfreich. So wie ein Fußballtrainer unter Umständen zu einem Einwechselspieler suggestiv sprechen kann: „Du gehst jetzt voll ran und voll rein und machst das Ausgleichstor. Du hast das drauf. Rein, und geh gleich in die Vollen."
Hypnose im obigen Text ist weniger direkt, sondern sie arbeitet mit eher verschütteten und momentan vergessenen Fähigkeiten und Potenzialen eines Menschen. Es handelt sich dabei eher um einen kooperativen Akt, bestehend aus stimulierenden Angeboten seitens des Hypnotiseurs und individuell kreativen Reaktionen seitens des Hypnotisierten.
Der Meister dieser Technik, Milton Erickson, formulierte es einmal so:

Du weißt etwas, aber du weißt noch nicht, dass du es weißt. Aber wenn du erst weißt, was du noch nicht weißt, dass du es weißt, dann kannst du beginnen, erfolgreich dein Problem zu lösen.

Man könnte auch so sagen:

Ein moderner, gut ausgebildeter Hypnosetherapeut ist ein Schatzgräber, ein Spezialist im Entdecken, Fördern und Heben von Entwicklungspotenzialen und (vergessenen) Fähigkeiten eines Menschen.*

Er suggeriert weniger von außen, sondern hilft dem Klienten, wieder zum Zugang zu den eigenen Fähigkeiten und Stärken zurückzufinden bzw. die eigenen Potenziale voll auszuschöpfen.[12]
Ein imaginärer Fußballtrainer könnte mit dieser indirekten Technik etwa sagen:

Du wirst gleich eingewechselt. Ich bin neugierig darauf, auf welche Weise du dich voll an deinen Hattrick vom Juni erinnern wirst, das Gefühl nach dem ersten Tor, nach dem zweiten Tor und nach dem dritten Tor, und welches der drei Tore aktiviert am besten das Wissen um deine spielerische Klasse und wie sich all dein Können und deine ganze Klasse explosiv und doch spielerisch mit dem vollen Spaß wie in einem guten Training, deine ganze Freude am Spielen entfalten wird – geh rein und spiele so, wie wenn du schon eine Woche keinen Ball mehr gesehen hast und du es kaum erwarten kannst, volle Konzentration, voller Spaß und überraschende Körperbewegungen, auch für den Gegner überraschend, mit Spaß – und viel Erfolg.

Der Leser möge beachten, dass in dieser Art von Sprache manchmal eine etwas andere Grammatik benutzt wird.

Jetzt geht's aber rund!, sagte der Spatz, und flog in den Ventilator.

Jetzt geht's aber aufwärts!, sagte der Spatz, als die Katze ihn die Treppe hochtrug.

Die Lerche trällert in der Luft,
der Ochse tut das nicht, der Schuft!

Seit jener selbst erdachten Stellung
hat der Stier die Schienbeinprellung.

Das also ist ein Koitus,
sprach die Gemse gegen Schluss.
Ja, ja, sagt der Gamsbock etwas matt,
so was lernt man in der Stadt.

Die letzten drei Sprüche stammen nach meiner Erinnerung aus Zeiten der Satirezeitschrift *Pardon* und wohl aus dem Umfeld von Wächter, Eilert, Gernhardt und Co.
Etwas Tröstliches für den Fußballkenner:

Eine Schwalbe macht noch keinen Elfmeter.

Der Ton macht die Musik

Stress: Wer zart besaitet ist, kann nie die erste Geige spielen.
(Gerhard Uhlenbruck)

Wo jeder die erste Geige spielen möchte, geht das beste Orchester flöten.
(Werner Mitsch)

Es wollen immer diejenigen die erste Geige spielen, die von Tuten und Blasen keine Ahnung haben und (anderswo schon) mit Pauken und Trompeten durchgefallen sind.
(Gerhard Uhlenbruck)

Ausgerechnet diejenigen wollen immer die erste Geige spielen, die nie den richtigen Ton treffen.
(Daniel Bass)

Eine kleine Machtmusik pflegt auf Taktgefühl und guten Ton keinen Wert zu legen.
(Garbe alias Annen)

Liebe ist, wenn der Verstand die zweite Geige spielt.
(Werner Mitsch)

Wer die erste Geige spielt, sollte Saitensprünge vermeiden.
(Kurt Tackmann)

Wenn man den Bogen über die Saite zieht, vibriert der Darm.

Wer dauernd auf die Pauke haut, geht eines Tages flöten.

Die Heimat der Tuba ist Kuba.
(Tuba-Wa-Duo)[13]

Schweigen ist Gold?

Schweigen im richtigen Moment kann eine Beziehung retten, sie kann aber auch eine mächtige Waffe sein.*

Sicher eines der bekanntesten Sprichwörter ist:

Reden ist Silber, Schweigen ist Gold.

Das hat etwas anders schon vor sehr langer Zeit der römische Philosoph Boethius gesagt:

Si tacuisses, philosophus manisses.
Wenn du geschwiegen hättest, wärst du ein Philosoph geblieben.

Noch einmal rund 1000 Jahre vorher hat der berühmte griechische Mathematiker und Philosoph Pythagoras gemeint:

Man soll schweigen oder Dinge sagen, die noch besser sind als das Schweigen.

Dieses Phytagoras-Zitat wird in einem arabischen Sprichwort variiert:

Die beste Rede ist die wohl erwogene; wenn du redest, so muss deine Rede besser als dein Schweigen sein.

Ein Mystiker des 15. Jahrhunderts, Thomas von Kempen, sagt:

Es ist leichter, ganz zu schweigen, als sich im Reden zu mäßigen.

Ein deutscher Schriftsteller des 19. Jahrhunderts, Friedrich M. von Bodenstedt, differenziert von Situation zu Situation:

Zwei Dinge sind schädlich für jeden, der die Stufen des Glücks will ersteigen:
schweigen, wenn Zeit ist zu reden, und reden, wenn Zeit ist zu schweigen.

Ich habe eine Variante gefunden, die ich hier so wiedergebe:

Gepriesen sei derjenige, der nichts zu sagen hat und trotzdem schweigt.

Es haben sich sehr berühmte Leute zu diesem Thema geäußert:

Man braucht zwei Jahre, um sprechen zu lernen, und fünfzig, um schweigen zu lernen.
(Ernest Hemingway)

Es ist besser, zu schweigen und als Idiot verdächtigt zu werden, als zu reden und dadurch alle Zweifel zu beseitigen.
(Abraham Lincoln)

Es ist ein Unglück, nicht genug Geist zu haben, um eine Rede zu halten, und nicht genug Selbsterkenntnis, um zu schweigen.
(Jean de La Bruyère)

Und natürlich darf das bekannte philosophische Zitat von Ludwig Wittgenstein hier nicht fehlen:

Wovon man nicht sprechen kann, darüber muss man schweigen.

Das Thema Schweigen und Totschweigen hat schon immer eine politische Dimension:

Er hängte sogar den Mantel des Schweigens in den Wind.
(André Brie)

Unsere Generation wird nicht so sehr die Untaten böser Menschen zu beklagen haben als vielmehr das erschreckende Schweigen der guten.
(Martin Luther King)

Zeitgenössische Aphoristiker greifen dieses Thema ebenfalls in verschiedenen Varianten auf:

Wer Blech redet, für den ist Schweigen Gold.
Schweigen ist das Gold, das jeder von uns in der Kehle hat.
(Beide von Gerhard Uhlenbruck)

Schweigen ist Gold nur dann, wenn derjenige, der schweigt, viel zu sagen hat.
(Zarko Petan)

Es gibt nichts Schöneres, als dem Schweigen eines Dummkopfes zuzuhören.
(Helmut Qualtinger)

Am schwersten ist aus einer Sprache in eine andere das Schweigen zu übersetzen.
Wer in seinem Sprechen die Windstille ist, kann in seinem Schweigen ein Orkan sein.
(Beide von Hans Kudszus)

Auch unter Wortlosen gibt es Nieten.
Mancher Wortschatz verwandelt sich beim Reden in Blech.
(Beide von Garbe alias Annen)

Und nun zum Thema Schweigen in seiner systemischen Dimension.
Der Schriftsteller Karl-Heinz Waggerl formuliert einen überraschenden und doch einleuchtenden Gesichtspunkt:

Schweigen ist ein köstlicher Genuss, aber um ihn ganz auszuschöpfen, muss man einen Gefährten haben. Allein ist man nur stumm.

Sein österreichischer Landsmann Fritz Eckhard meint:

Unter Diskussionen verstehen Männer die Kunst, den Partner zum Schweigen zu bringen.
Frauen verstehen darunter die Kunst, den Partner nicht zum Reden kommen zu lassen.

Michael Marie Jung schreibt:

Sprachlosigkeit spricht für sich.

Dazu passt ein weiterer Spruch:

Schweigen ist eines der am schwierigsten zu widerlegenden Argumente,

und auch der Satz des Fußballers Lothar Matthäus (in vielleicht unfreiwilliger Komik):

Ein Wort gab das andere – wir hatten uns nichts zu sagen.

Von George Bernard Shaw stammt schließlich:

Schweigen ist der vollkommenste Ausdruck der Verachtung.

Von Bert Hellinger kommen die folgenden Aussagen:

Manchmal ist das letzte Wort Schweigen.

Wenn du es weißt, können wir genauso gut darüber schweigen.

Manchmal wirkt ein Kommentar wie eine Kanne Wasser auf den Tropfen Wein.

Sehr schön ist auch der Spruch über die inneren Beziehungsaspekte des Themas Schweigen. Der Autor dieses Spruches ist mir nicht bekannt:

Es gibt Dinge, über die spreche ich nicht einmal mit mir selbst.

Eine meiner Lieblingsaussagen zu diesem Themenkreis überhaupt stammt allerdings aus einem Schüleraufsatz:

Daraufhin verdoppelte mein Bruder sein Schweigen.

Diesen Spruch habe ich schon öfters in Paartherapie oder in eskalierenden Konflikten zwischen Eltern und pubertierenden Kindern benutzt, in etwa wie:

Ah ja, nachdem Sie damit Ihren Mann verärgert haben, scheint er sich jetzt so zu verhalten, wie es einmal ein Schüler in einem Aufsatz beschrieben hat:

Daraufhin verdoppelte mein Bruder sein Schweigen.

Sie kennen vielleicht beide die Geschichte des Ehepaars, das schon seit Tagen nicht mehr miteinander spricht. Das Wichtigste wird schriftlich über Zettel abgehandelt, die schweigend zum anderen rübergeschoben werden. Kurz vor Mitternacht bekommt der Mann auf dem Handy einen Anruf seines Chefs, dass er frühmorgens zu einem wichtigen Termin fliegen muss. Er legt seiner Frau einen Zettel auf den Küchentisch: Bitte wecke mich um 6 Uhr 45, bevor Du aus dem Haus gehst, muss dringend wegfliegen. Er wacht kurz vor 8 Uhr auf und findet einen Zettel: Es ist 6 Uhr 45, bitte steh auf.

Ich denke, wir sollten das Schweigen nicht weiter verdoppeln. Das kann manchmal teuer werden, wie obige Geschichte zeigt. Wir sollten nach anderen Lösungen suchen, und dazu kann ich in Ihrem speziellen Fall folgenden Vorschlag anbieten …

Vom Erfolg und seinen Nebenwirkungen

Erfolgsstorys früher begannen mit Lange-Steine-Klopfen und Tellerwaschen.
Erfolgsstorys heute beginnen mit Weit-Hammerwerfen oder im Telewischen.

Peter Dussmann, der aus Rottweil stammende Gründer der Pedus-Unternehmen, die weltweit erfolgreich Kliniken putzen, hat seine große Karriere angefangen, indem er selbst Haushalte von Singles geputzt hat, worin er eine Marklücke erkannt hatte.
Man könnte ihm in den Mund schieben:

Früher war ich nebenan Klinken putzen, heute lass ich weltweit Kliniken putzen.*

Aber was dann, wenn der Erfolg endlich da ist? Dann lernt man vielleicht seine wirklichen Freunde kennen, wie Oscar Wilde meinte:

Jeder kann mit dem Leid eines Freundes sympathisieren, aber es erfordert einen sehr feinen Charakter, um mit dem Erfolg eines Freundes zu sympathisieren.

Tröstlich dabei mag sein, was Wilhelm Busch dazu sagte:

Der Neid ist die aufrichtigste Form der Anerkennung.

Ähnliches sagt auch der Spruch:

Der Neid nagt nicht am faulen Holz, drum sei auf deine Neider stolz!

Von Beamten und Bürokraten

Im Rahmen eines Vortrages über gesundheitspolitische Modelle hat der frühere Berliner Ärztekammerpräsident Ellis Huber gesagt:

Bürokraten sind Menschen, denen schon in der frühen Kindheit die unermessliche Weite des Laufstalls zu groß vorkam.

Beamte und Bürokraten sind eine beliebte Zielscheibe von Spott in Form von kurzen Sprüchen und Aphorismen:

Die Beamten sind die Träger der Nation: einer träger als der andere.

Zwei im Büro und einer arbeitet? Ein Beamter und ein Ventilator.

Beamtenmikado: Wer sich zuerst bewegt, hat verloren.

Faulheit ist: sich ausruhen, bevor man müde wird.

Beamte bekommen jetzt um 10 Uhr ein zweites Frühstück, damit wenigstens der Magen was schafft.

Beamte bekommen nachmittags einen Hammer, damit sie die restliche Zeit besser totschlagen können.

Gotthold Ephraim Lessing schrieb schon vor über 200 Jahren:

Im Essen bist du schnell, im Gehen bist du faul.
Iss mit den Füßen, Freund,
und nimm zum Gehn das Maul!

Auch Patienten benutzen Sprüche

Manchmal begegnen einem auch in der Therapie vonseiten der Patienten selbst gebaute Aphorismen oder Sprüche mit bildhaften Vergleichen.
Eine Frau mit einer Krebserkrankung kam in Therapie, um mit Hypnose die körpereigene Abwehr zu stärken und die Nebenwirkungen der Chemotherapie zu lindern. Sie war mit einem mächtigen Wirtschaftsboss verheiratet, der sich trotz der schweren Erkrankung der Frau absolut rücksichtslos und ständig fordernd verhielt. Ich wollte meine Patientin im Sinne der provokativen Therapie nach Farrelly zu mehr Achtsamkeit sich selbst gegenüber provozieren. Ich hatte ein Ziel im Kopf, das man vielleicht so hätte formulieren können:

Selbstachtung heißt, mehr auf sich selbst zu achten.*

So sagte ich provozierend:
Sie haben sicher schon ein Prädikat mit dem Titel:

Die deutsche Hausfrau: pflegeleicht, wartungsfrei, benutzerfreundlich mit morgendlicher Kaltstartautomatik.

Die Provokation verpuffte, denn meine Patientin sagte mit depressivem Ton in der Stimme:
Das stimmt. Mein Mann sagt auch immer:

Du bist wie ein Goggomobil: Du leistest viel und brauchst wenig.

Ein ungefähr 45 Jahre alter Patient kommt zu mir wegen seit längerer Zeit bestehender Impotenz. Ich beziehe die Frau in die Therapie mit ein, und sie kommentiert das Problem ihres Mannes mit der rauen Herzlichkeit des schwäbischen Humors:

Wenn mein Mann mit mir schläft, das ist, wie wenn man ein Würstchen in einen Hausgang schmeißt.

Beide Partner lachen über diesen Spruch.
Das war nach meiner Erinnerung bisher das einzige Mal, dass es mir in einer Therapie bei einem Witz oder Scherz eines Klienten die Sprache verschlagen hat.

Vom Segelfliegen und anderen Höhenflügen

Mitte der 80er-Jahre sagte mir Jeff Zeig, dass er mich für die erste große internationale Ost-West-Psychotherapie-Konferenz im Mai 1987 als Referent vorschlagen wolle. Ich zögerte und meinte, das sei noch zu früh für mich, ich sei noch zu unerfahren, um dort neben ihm und wenigen anderen die ericksonsche Hypnotherapie zu vertreten.
Jeff Zeig sagte auf meine Einwände:
Ich habe ein Hobby, das Segelfliegen.

Ein Segelflieger weiß:
Du musst dort aufsteigen, wo eine Thermik ist.
Ob eine halbe Stunde später eine Thermik da sein wird, das weißt du nicht.

Er fügte an: Genauso wenig kann ich dir versprechen, dass ich so eine Gelegenheit für dich habe, wenn du dich endlich für reif genug hältst.
Das hat mir schließlich eingeleuchtet, und ich habe im Mai 1987 in Prag referiert. Dort bekam ich Einladungen nach Warschau, nach Leipzig und nach Ostberlin. Der Beginn von vielen Aktivitäten und vielen Freundschaften im Osten in einer faszinierenden Zeit des Wandels. Ich bin noch heute froh, dass Jeff Zeig mich mit seiner Segelflieger-Weisheit umgestimmt hat.
Seinen Segelflieger-Spruch habe ich in der Zwischenzeit schon mehrfach in Therapien oder auch in Beratungen bei zögerlichen Klienten erfolgreich einsetzen können. Auch Praktikanten oder Studenten, die sich

scheuten, Angebote für Doktorarbeiten, Stipendien und Vorträge oder als Tutoren anzunehmen, hat dieser Spruch schon umgestimmt.
Vielleicht konnte ich mich später mal revanchieren. Jeff hat über seine vielfältigen Aufgaben mit seinen jährlichen großen Konferenzen, seinen Buchprojekten und der Verantwortung als Direktor der *Erickson-Foundation* gesprochen und be- und überlastet gewirkt. Mir fiel ein vordergründig unsinniges Gedicht ein:

Das Reh springt hoch,
das Reh springt weit.
Es macht ja nichts, es hat ja Zeit.

Überraschenderweise kann Jeff Zeig dieses Gedicht auch heute noch – mehr als zehn Jahre später – auf Deutsch auswendig.
Vielleicht wäre es noch wirksamer gewesen, wenn ich diese Haltung vorgelebt hätte.
Andererseits:

Der Wegweiser geht auch nicht den Weg, den er weist.

Der Zahn der Zeit und die Zahnärzte

Der Zahn der Zeit ist ein geflügeltes Wort, und es gibt eine erstaunliche Vielfalt von Aphorismen, die sich um das Thema Zähne und Zahnärzte drehen.

Die Philosophen sind wie Zahnärzte, die Löcher aufbohren, ohne sie füllen zu können.
(Giovanni Guareschi)

Der österreichischer Schauspieler Hans Moser:

Die Menschen verlieren zuerst ihre Illusionen, dann ihre Zähne und ganz zuletzt ihre Laster.

Von Garbe alias Annen gibt es eine Reihe von Sprüchen zum zahnärztlichen Handwerk, die schon vor einigen Jahrzehnten geschrieben wurden:

Zahnärzte sind Radikale, die gegen Honorar das Übel an der Wurzel packen.
Der Fleiß der Zahnärzte richtet sich nach der Faulheit der Zähne.
Bei ihren Bohrversuchen sind unsere Zahnärzte auf Gold gestoßen.
Zahnärzte lassen sich ihr Kau-how bezahlen.
Wer einen Nerv tötet, nimmt's von den Lebendigen.
Die Zahnmedizin beweist: Mundwerk hat goldenen Boden.
Die Post braucht Geld, um die Zähne der Briefmarken plombieren zu lassen.
Dentisten halten mehr von Prothesen als von Antithesen.

Um den Zahn der Zeit zu sanieren, braucht es lediglich einen Kostenträger.

Im Folgenden von verschiedenen Autoren einige Aphorismen mit unterschiedlichen inhaltlichen Zielrichtungen.

Erstaunlich: Wenn ich den Kopf verliere, geht es mir, relativ gesehen, besser, als wenn man mir einen Zahn zieht.
(Michael Augustin)

Wer in aller Munde sein will, sollte Zahnarzt werden.
(Ludwig Fienhold)

Manche Menschen zeigen jedem die Zähne. Nur ihrem Zahnarzt nicht.
(Werner Mitsch)

Richter: **„Warum haben Sie den Zahnarzt geprügelt?"**
Angeklagter: **„Er ging mir auf die Nerven."**
(Klaus Frank)

Wenn mir einer auf den Zahn fühlt, so geht mir das an die Nerven.
(Gerhard Uhlenbruck)

Auch das Thema Liebe und Sich-zum-Beißen-gern-Haben taucht in Sprüchen auf:

Die beliebteste Methode, dem anderen Geschlecht auf den Zahn zu fühlen, ist der Zungenkuss.
(Werner Schneyder)

Direkt an Werner Schneyder anschließend, zwei ermutigende Einsichten für ältere Mitmenschen oder auch für Boxer und Rugbyspieler:

Wenn die Zähne weg sind, hat die Zunge freies Spiel.

Oder:

Daisy, nimm das Gebiss raus, wir knutschen auf den Felgen!

Eine tiefsinnige Aussage zum Verhältnis von Mann und Frau:

Männer sind wie Zähne: Erst kriegt man sie schlecht. Hat man sie, bereiten sie einem zuweilen Schmerzen. Und ist man sie los, hinterlassen sie eine Lücke.

Vielleicht als Munition nach der Scheidung geeignet:

Du hast so schöne Zähne, gibt's die auch in Weiß?

Und hier noch eine systemisch-verhaltenstherapeutische Variante:

Halten Sie Ihren Mann vom Nägelbeißen ab – verstecken Sie seine Zahnprothese!

Trotz Budgetierung und Gesundheitsreformen lassen sich offensichtlich manche nicht abhalten, Zahnarzt werden zu wollen, denn:

Ich sammle alte Zeitschriften, ich will nämlich mal Zahnarzt werden!

Zur Situation des Zahnarztes meint Gerhard Uhlenbruck:

Zahnärzte leben nicht schlecht von der Hand in den Mund.

Abschließend einige seriöse politische Aussagen, die um das Thema Zahn kreisen:

Wer Zahnweh hat, hält jeden, dessen Zähne gesund sind, für glücklich. Der an Armut Leidende begeht denselben Irrtum den Reichen gegenüber.
(George Bernard Shaw)

Eine Politik, die auf dem Prinzip Auge um Auge, Zahn um Zahn basiert, führt letztlich nur zu einer Gesellschaft ohne Augen und ohne Zähne.
(New York Times)

Der Zahn der Zeit hat Karies.

Und zu guter Letzt noch was Sportliches:

Der Zahn der Zeit läuft auch an mir nicht vorbei.
(Boris Becker)

Magaths Training ist wie ein Zahnarzttermin: Man fürchtet sich vorher, aber danach fühlt man sich besser.
(Der Fußballspieler Jan-Åge Fjørtoft)

Für einen Sänger mit Lampenfieber

Sie haben das Gefühl, dass Sie ständig ein zu großes Lampenfieber haben, schwitzend, mit rotem Kopf, mit einer Glühbirne auf der Bühne stehen, und trotzdem feiern Sie einen Erfolg nach dem anderen. Lampenfieber hat vielleicht eine wichtige Funktion, zum einen um sich selbst auf Höchstleistung zu bringen und anderseits dem Publikum gegenüber anfangs sympathisch unsicher zu wirken. Trotzdem habe ich verstanden, dass Sie anfangs viel zu sehr auf der Bühne rumhampeln, so etwa wie der Patient, der vom Arzt gefragt wird:
Trinken Sie viel?
Der Patient antwortet:
Nein, ich verschütte das meiste.
Das hört sich beinahe so an wie:

Tausend Volt in den Armen, aber im Kopf die Birne kaputt.

Die Birne ist bei Ihnen nicht ganz kaputt, sie flackert eher etwas unruhig, und unser Ziel ist salopp formuliert:

Schützt die Glühbirnen vor dem Lampenfieber!

Oder auch:

Alle reden vom Energiesparen, und ich spare meine.

Das Ausmaß Ihres Lampenfiebers frisst bei allen positiven Effekten natürlich enorm Energie. Energie, die

Sie im Laufe ihres Auftritts natürlich gut gebrauchen können.
Also gilt für Sie als Ziel:

Vom schnellen Brüter zum Dauerbrenner.*

Und daran werden wir therapeutisch arbeiten. Hypnose und Selbsthypnose sind dabei nur eine der Möglichkeiten, die wir haben.

Schlafend ins Abseits

In diesem Buch habe ich mehrfach einen Karl Garbe alias Franz Annen zitiert. Er war vor ca. 30 Jahren ein bekannter politischer Journalist. Ich bin auf ihn im Antiquariat gestoßen, weil der Titel seines Buches

Die Macht ist nicht zum Schlafen da

mich sehr angesprochen hat.
Ich dachte mir, wer einen politisch so zeitlos relevanten Satz erfindet, der hat vielleicht auch noch andere gute Sprüche auf Lager. Und so war es auch.
Beim Schreiben dieses Buches bin ich auf einen weiteren Buchtitel gestoßen, er lautet:

Wer abseits steht, wird zurückgepfiffen.

Der Autor dieses Aphorismenbuches heißt Hellmut Walters.
Dieses **Wer abseits steht, wird zurückgepfiffen** lässt sich hie und da sicher in der Therapie von sozialen Ängsten, Schulverweigerung und Vermeidungsverhalten von Kindern und Jugendlichen einsetzen. Vor allem, wenn die Kids sich für Fußball interessieren.
Kurz hatte ich mir überlegt, die Überschrift dieses Kapitels zu ändern in:

Deutschland – schlafend ins Abseits.

Im Internet gibt es eine Seite mit den besten und absurdesten Fußballersprüchen. Ab und zu werden auch andere Sportler zitiert. Die Seite hat den einfühlsamen Namen www.blutgraetsche.de. Einige Sprüche in anderen Kapiteln stammen von dieser Internetseite bzw. habe ich dort wieder gefunden. Im Folgenden einige Highlights, die sich teilweise sogar in Therapie und Beratung verwenden lassen.

Sportlersprüche – Zum Thema Übergewicht

Vom stark übergewichtigen Fußballmanager Reiner Calmund stammt:

Ich will ein abschreckendes Beispiel vor allem für die Jugend sein. Wenn man ein solches Gewicht hat wie ich, dann wird es brutal schwer, wieder davon runterzukommen. Das müssen Kinder wissen, wenn sie vorm Fernseher ihre Chips mampfen.

Und was sagte Mehmet Scholl auf die Frage, wie es war, als Bundeskanzler Kohl nach dem EM-Sieg 1996 in die Kabine kam?

Eng.

Und hier schließt sich dann der Kreis, denn was antwortete wohl Ulf Kirsten auf die Frage, wem er niemals in der Sauna begegnen möchte?

Reiner Calmund.

Sportlersprüche – Zum Thema Intuition

Hypnotherapeuten suggerieren:

Vertraue deinem Unbewussten, deiner Intuition.

Und:

Dein Unbewusstes kann sehr viel mehr als dein bewusstes Denken.

Auch Fußballer haben dazu etwas zu sagen:

Wennst denkst, ist's eh zu spät.
(Gerd Müller)

Ich habe nicht einfach draufgeknallt, sondern instinktiv die Lage gepeilt und den richtigen Winkel gewählt.
(Lothar Emmerich, der vor sehr langer Zeit ein legendäres Tor aus unmöglich spitzem Winkel erzielte)

Sportlersprüche – Zum Thema psychologische Kriegsführung

Ich habe mal in einer Fußballeranekdote gelesen, dass ein bekannter Fußballverteidiger die Stürmer, die er zu decken hatte, begrüßte mit:

Bei mir hast du einen Aktionsradius von einem Bierdeckel.

Herbert Finken von der Tasmania Berlin variierte das etwas:

Mein Name ist Finken, und du wirst gleich hinken.

Das sind dann die Spiele, die der erfahrene Sportreporter mit

Hart, aber unfair

kommentiert.

Sportlersprüche – Zum Thema Erbe oder Umwelt

Die Frage nach dem Einfluss von Erbe und Umwelt auf die Entwicklung des Menschen ist eine immer wieder diskutierte. Der Fußballer Jan-Åge Fjørtoft hat sich dazu geäußert:

Auf der Homepage meines Kollegen Thomas Sobotzik habe ich gelesen, dass ich seinem Sohn so ähnlich sehe. Mit Frau Sobotzik habe ich aber amüsiert ausgemacht, dass an dieser Geschichte nichts dran ist.

Das erinnert an den Spruch:

Man spricht von Umwelteinfluss, wenn das Kind dem Nachbarn ähnlich sieht.

Sportlersprüche – Zum Thema Ressourcenorientierung

Ich bewerte die Zukunft des deutschen Fußballs positiv. Weniger Einsatz, weniger Wille, weniger Bereitschaft geht nicht mehr.
(Jens Nowotny)

Das ist eine prägnante Variante von:

Wenn man ganz unten ist, kann es nur noch aufwärts gehen.

Ähnlich sah es auch Olaf Thon:

Ich sehe einen positiven Trend: Tiefer kann es nicht mehr gehen.

Sportlersprüche – Zum Thema Zukunftsorientierung

Es ist wichtig, dass man neunzig Minuten mit voller Konzentration an das nächste Spiel denkt.
(Lothar Matthäus)

Zum Glück ist die Mannschaft nach dem Spiel besser ins Spiel gekommen.
(Andreas Brehme)

Vorbildliche Zukunftsorientierung zeigte auch der Trainer Dragoslav Stepanović in seiner Antwort auf die Frage eines Reporters, was die kommende Woche bringe:

Montag, Dienstag, Mittwoch, Donnerstag …

Sportlersprüche – Zum Thema Paar- und Familiendynamik

Ich grüße meine Mama, meinen Papa und ganz besonders meine Eltern.
(Mario Basler)

Zu meiner Frau habe ich ein Vater-Sohn-Verhältnis.
(Oliver Reck)

Hass gehört nicht ins Stadion. Solche Gefühle soll man gemeinsam mit seiner Frau daheim im Wohnzimmer ausleben.
(Berti Vogts)

Sportlersprüche – Zum Thema systemische Sichtweise und Dettmar Cramer

Es hängt alles irgendwo zusammen. Sie können sich am Hintern ein Haar ausreißen, dann tränt das Auge.

Dieser Spruch stammt von Dettmar Cramer, von dem auch ein anderer witziger Spruch verzeichnet ist:

Der springende Punkt ist der Ball.

Dettmar Cramer war eine quirlige, große Trainerpersönlichkeit, aber von kleinem Wuchs. Es hat ihn zwar niemand als „den springenden Punkt" deklariert, aber immerhin als

den laufenden Meter.

Sportlersprüche – Zum Thema Spontanparadoxie

Von einer Spontanparadoxie spricht man, wenn man zum Beispiel aufgefordert wird:
Jetzt sage mir doch mal spontan danke!
Der Fußballer Mehmet Scholl scheint sich an einer Lösung dieses Dilemmas versucht zu haben:

Meine Unbekümmertheit wandelte sich in kontrollierte Spontaneität.

Auch sein Fußballerkollege Toni Polster hat dazu anlässlich eines Vereinswechsels Prägnantes formuliert:

Ich habe es mir sehr genau überlegt und dann spontan zugesagt.

Sportlersprüche – Zum Thema Konfusionstechniken

Der folgende Satz vom Meister der Konfusionstechnik, Milton Erickson, tauchte in diesem Buch schon einmal auf:

Du weißt etwas. Aber du weißt es noch nicht, dass du es weißt. Aber wenn du erst weißt, was du noch nicht weißt, dass du es weißt, dann kannst du beginnen, dein Problem zu lösen.

Unser ehemaliger Bundestrainer Berti Vogts hat das jedoch beinahe übertroffen:

Wir wissen alle, dass Mario nicht gesagt hat, was er gesagt hat, was er gesagt haben soll, dass er es gesagt hat.

Die Qualitäten in der Aussage von Jens Nowotny erkennt man vielleicht erst beim zweiten Lesen:

Wenn man zu früh auf andere schaut, vergisst man, das Wesentliche aus den Augen zu verlieren.

Dass Konfusion noch kürzer und noch prägnanter geht, zeigt Toni Polster:

Für mich gibt es nur „entweder – oder“. Also entweder voll oder ganz!

Beinahe schon hohe literarische Qualität erreicht Hermann Neuberger:

Die Breite an der Spitze ist dichter geworden.

Sportlersprüche – Zum Thema Parteifreund und Mannschaftskamerad

In der Politik und in größeren Organisation gilt häufig die Steigerungsform:

Feind, Todfeind, Parteifreund.

Das scheint auch Fußballmannschaften vertraut zu sein:

Uns kann keiner mehr schlagen, außer wir selbst. Und daran arbeiten wir.
(Zoltan Sebescen)

Sportlersprüche – Zum Thema Schwach anfangen und stark nachlassen

Nach der Pause haben wir den Rhythmus verloren, den wir vorher nicht gefunden hatten.
(Roy Präger)

Zuerst hatten wir kein Glück, und dann kam auch noch Pech dazu.
(Jürgen Wegmann)

Zum Glück ist die Mannschaft nach dem Spiel besser ins Spiel gekommen.
(Andreas Brehme)

Alexander Strehmel zeigt auf, wie man das rechtzeitig richtig macht:

Gerade in einem Spiel, in dem die Nerven blank liegen, muss man sein wahres Gesicht zeigen und die Hosen runterlassen.

Giovane Elber hat sich an einer anderen Lösung dieser Problematik versucht und kombiniert dabei hohe Konzentration mit hypnotischer Zeitverzerrung:

Wir müssen von der ersten Sekunde an voll wach sein und das dann bis zur neunzigsten durchhalten.

Das ist jedoch nichts gegenüber Boris Becker, der anscheinend eine völlige mentale Kontrolle über veränderte Bewusstseinszustände erreicht hat:

Ich kann frei entscheiden, ob ich morgens aufwachen möchte oder nicht.

Sportlersprüche – Verschiedenes

Zum Thema Selbstkritik:

Mein Problem ist, dass ich immer sehr selbstkritisch bin, auch mir selbst gegenüber.
(Andreas Möller)

Zum Thema Trans(fer)kulturelle Konflikte:

Der Fußballer Torsten Legat antwortet nach seinem Wechsel zum VfB Stuttgart auf die Frage, wie er denn Spätzle fände, mit den Worten:

Die hab ich noch nicht probiert, aber im Allgemeinen mag ich Geflügel.

Zum Thema Ein starkes Stück:

Neubarth köpfte den Ball an die Latte des eigenen Torwarts.
(dpa-Meldung)

Zum Thema Indirekte Kommunikation:

Ich werde dem Schiedsrichter meinen Optiker empfehlen.
(Jürgen Kohler)

Zum Thema Kondition nach Rekonvaleszenz:

Für mich war es wichtig zu sehen, dass ich konditionell mithalten konnte.
(Axel Kruse nach einem 13-Sekunden-Einsatz auf die Frage, ob sich sein Einsatz eigentlich gelohnt habe)

Zum Thema Rettungsaktionen und Konditionstraining:

Ob Felix Magath auch die Titanic gerettet hätte, weiß ich nicht – auf jeden Fall wären alle Überlebenden topfit gewesen.
(Jan-Åge Fjørtoft nach dem Klassenerhalt 2000)

Ein weiterer Spruch, der auf Magaths gefürchtete Trainermethoden anspielt, steht im Kapitel über Zahnärztesprüche.

Zum Thema Übergewicht

Patientin: Ich habe schon alles probiert. Eine Zeit lang nehme ich ab, und dann nehme ich wieder zu. Das klappt bei mir einfach nicht. Ich fühle mich unglücklich.
Therapeut: Gut, das mit dem Glück ist so eine Sache. Schon vor rund 250 Jahren hat ein Archäologe namens Winckelmann gesagt:

Gleich dem Bildnis des Monds verwandelt das Antlitz des Glücks sich. Zunehmend – abnehmend, kann niemals beständig sein.

Mit diesem Prinzip können Sie zwar nicht ganz so alt werden wie dieser Spruch, aber wenn es Sie tröstet: Das scheint ein uraltes Thema zu sein. Schon der griechische Geschichtsschreiber Xenophon schrieb um 400 vor Christus:

Hör auf mit dem vielen Essen; dann wirst du angenehmer, billiger und gesünder leben!

Patientin: Ich bin auch echt schlecht drauf, wenn ich abmagere, und das kann ich mir beruflich kaum leisten.
Therapeut: Das hat auch schon der berühmte Schauspieler Gert Fröbe gesagt – und der hat von seiner Figur her ja auch eher in einer Heavy-Mädels-Band gespielt:

Das Erste, was man bei einer Abmagerungskur verliert, ist die gute Laune.

Ein interessanter Satz wird einem Joe E. Lewis zugeschrieben:

Ich habe eine Diät gemacht und fettem Essen und Alkohol abgeschworen – in zwei Wochen verlor ich 14 Tage.

Und dann kehren viele recht schnell zum Prinzip zurück:

**Die Schlankheitskur verliert den Schrecken,
lässt du dir erst mal alles weiter schmecken.**

Patientin: Genau! Anfangs klappt es immer. Da habe ich auch noch den eisernen Willen. Dann kommt immer mehr die schlechte Laune.
Therapeut: Anfangs ist der eiserne Wille da, und Sie handeln nach dem Motto:

Wer abnehmen möchte, sollte keine Vorspeise essen und statt des Hauptgerichts lieber auf den Nachtisch verzichten.

Und bald heißt es dann wieder:

Lieber zu viel essen als zu wenig trinken.

Oder:

Ich ziehe nach München und baue den mittleren Ring sechsspurig aus.*

Patientin: Dann ist da noch etwas. Mit meinem Übergewicht werde ich nie einen Mann finden.
Therapeut: Na ja, das ist eine Frage des Glaubenssystems. Ein berühmter Therapeut namens Erickson pflegte Patienten mit solchen Aussagen in die Biblio-

thek oder ins Völkerkundemuseum zu schicken, damit sie die unterschiedlichen Schönheitsideale auf der Welt begutachten konnten. Anschließend gab er eine weitere Hausaufgabe: Die Patienten mussten sich in ein Straßencafé setzen und Paare beobachten: Welche Frau hat welchen Mann? Und welcher Mann hat welche Frau? Sie kamen dann regelmäßig mit sehr überraschenden Beobachtungen zurück.
Es gibt durchaus viele Männer, die handeln nach dem Motto:

Lieber eine kurze Dicke als eine lange Dürre.

Und es gibt die Geschichte von dem Pygmäen, der eine sehr große, übergewichtige Frau heiratet. Mitten in der Hochzeitsnacht wacht die Frau auf, und ihr Mann tanzt ums Bett und singt: „Gehört alles mir, gehört alles mir!"
Nun ja, es gibt unterschiedliche Gründe, viel zu essen, und zur Sicherheit möchte ich noch mal nachfragen. Ein Aphoristiker namens Garbe alias Annen sagte:

Der stark Übergewichtige isst am mächtigsten allein.

Es gibt auch die andere Variante:

Warum sind unverheiratete Frauen schlanker als verheiratete?
Die unverheiratete Frau kommt nach Hause, schaut in den Kühlschrank und geht ins Schlafzimmer.
Die verheiratete Frau kommt nach Hause, schaut ins Schlafzimmer und geht an den Kühlschrank.

In welche Kategorie ordnen Sie sich ein?

Patientin: Eindeutig in „Die stark Übergewichtige isst am mächtigsten allein". Ich habe keine Partnerbeziehung, ich bin eigentlich wie viele Männer mehr mit dem Beruf verheiratet. Abends und in der Freizeit esse ich aus Frust. Obwohl ich eigentlich zufrieden sein könnte. Ich verdiene auch sehr gut.
Therapeut: Nun, es gibt ein berühmtes Sprichwort, das heißt:

Gell, allein macht nicht glücklich.

Ihre Hausaufgabe ist deshalb, übers Internet und aus alten Adressbüchern möglichst viele alte Schulkameraden, Studienfreundinnen, ehemalige Kollegen und Kolleginnen oder auch nette Verwandte ausfindig zu machen und sich in der nächsten Zeit mit mindestens einer oder einem pro Monat zu verabreden.

Patientin: Es gibt ein weiteres Problem. Sobald ich viel abgenommen habe, habe ich Angst, dass ich unkontrolliert weiter abnehmen könnte. Manchmal hatte ich auch den Eindruck, ich nehme unkontrolliert weiter ab. Ich bekomme da regelrecht Panik.
Therapeut: Gut, das geht nun in einen Bereich, wo ich einen Spezialisten kenne. Wenn ich mich selbst bei meiner Arbeit beobachte:

Je älter und erfahrener ich als Therapeut werde, desto mehr überweise ich an Spezialisten.*

Es gibt Kollegen[14], die halten regelmäßig ein Fortbildungsseminar für Ärzte und Psychologen mit dem Titel ab:

LeichtgeWICHTE und SchwergeWICHTIGe: Was Anorexie, Bulimie und Übergewicht voneinander verlernen können.

Ich möchte Sie mit ihrem speziellen Problem gerne an diese Kollegen verweisen.
Die Hausaufgabe mit dem Suchen und Aufsuchen von alten Freunden würde ich Ihnen trotzdem empfehlen, das ist in jedem Fall eine ausgezeichnete Grundlage und Vorspeise, um später mal selbstbewusst und leichtfüßig in eine ernsthafte Beziehung einzusteigen.

Ein Experte ist einer, der über immer weniger immer mehr weiß, bis er am Schluss über nichts alles weiß.

Wer auf mehreren Gebieten wenig weiß, den nennt man vielseitig.

Spezielle Klugheit ist häufig generelle Dummheit.
(Michael Marie Jung)

Wenn dich ein Laie nicht versteht, so heißt das noch lange nicht, dass du ein Fachmann bist.
(M. G. Wetrow)

Nicht wenige Experten sehen ihre Daseinsberechtigung darin, einen relativ einfachen Sachverhalt unendlich zu komplizieren.
(Pierre Trudeau)

Von der Zukunft der Vergangenheit in der Gegenwart

Zeitaspekte in Therapie und Beratung spielen eine große Rolle. Manche Klienten beschäftigen sich ständig mit ihrer Vergangenheit, sei es mit ihrer Kindheit oder mit anderen Geschehnissen, die sie nicht loswerden oder nicht loslassen können. Andere Klienten leben nur im Hier und Jetzt, das Morgen und welche Konsequenzen das heutige Verhalten haben kann, werden ausgeblendet. Wieder andere haben große Probleme, den Augenblick zu genießen und sich einfach im Hier und Jetzt zu Hause zu fühlen. Sie streben ständig nach Neuem und suchen immer etwas anderes als das, was sie gerade haben.

Noch während meines Studiums hatte ich am Rande eines meiner ersten Hypnoseseminare mit Jeffrey Zeig eine interessante Erfahrung. Ich bat darum, mit mir eine Hypnosesitzung abzuhalten, um Dinge aus meiner Kindheit zu erinnern. Er weigerte sich und sagte:

Du kannst nicht in die Zukunft gehen und dabei mit dem Kopf nach hinten schauen.

Wen wundert es, dass sich auch Aphoristiker mit diesen Zeitaspekten ausführlich beschäftigt haben?

Zu dem bekannten Sprichwort

Was du heute kannst besorgen,
das verschiebe nicht auf morgen

gibt es verschiedene Varianten:

Verschiebe nicht auf morgen, was genauso gut auf übermorgen verschoben werden kann.
(Mark Twain)

Was ich heute kann besorgen,
das verschieb' ich flugs auf morgen.*

Wem du's heute kannst besorgen,
das verschiebe nicht auf morgen.

Was du heute kannst besorgen,
das brauchst du morgen nicht zu borgen.

Der Autor von

Willst du ein Ei beim Morgenrot,
so schlag dein Huhn nicht vorher tot

ist mir nicht bekannt.

Im Folgenden einige witzige, aber auch tiefsinnige Sprüche zu diesem Thema, die ich Autoren zuordnen konnte.

Morgen nennt man den Tag, an dem die meisten Fastenkuren beginnen.
(Gustav Knuth)

Früher machte er mir den Hof, heute mache ich ihm das Bett.
(Angelika Franz)

Bitter ist es, das heute tun zu müssen, was man gestern noch wollen konnte.
(Karl Gutzkow)

Wer heute den Kopf in den Sand steckt, knirscht morgen mit den Zähnen.
(Iris Blaschzok)

Wo wir heute stehen, wüssten wir, wenn wir gestern erkannt hätten, wo wir morgen fallen werden.
(Hans Kudszus)

Der Passive. Früher schwamm er noch gegen den Strom. Heute spuckt er nur noch gegen den Wind.
(Werner Mitsch)

Heute ist immer der Tag, an dem die Zukunft beginnt.
(Hans Kudszus)

Wer seine Zeit totschlägt, mordet seine Zukunft.
(Gerhard Uhlenbruck)

Kein Mensch ist reich genug, sich die eigene Vergangenheit zurückzukaufen.
(Oscar Wilde)

Die Zukunft heißt Zukunft – weil die Zukunft auf uns zukunft.
(Werner Mitsch)

Was die Vergangenheit betrifft, bin ich ein großer Optimist.

Ein alter Mann ist ein Kind mit Vergangenheit.
(beide André Brie)

O wünsche nichts vorbei und wünsche nichts zurück!
Nur ruhiges Gefühl der Gegenwart ist Glück.
(Friedrich Rückert)

Ein Prognostiker ist ein Mann, der in lichten Momenten düstere Ahnungen hat.
(Tennessee Williams)

Frauen mit Vergangenheit interessieren die Männer, weil die Männer hoffen, dass sich die Vergangenheit wiederholt.
(Mae West)

Alt ist man dann, wenn man an der Vergangenheit mehr Freude hat als an der Zukunft.
(John Knittel)

Die Vergangenheit kann uns nicht sagen, was wir tun, wohl aber, was wir lassen müssen.
(José Ortega y Gasset)

Salutogenese und Ressourcenorientierung

Moderne Psychotherapie orientiert sich an den Stärken und konzentriert sich auf den Ausbau und Erhalt der Fähigkeiten der Patienten. Auch in der Medizin gibt es einen Trend zur Salutogenese – also der Wissenschaft, wie Gesundheit entsteht und erhalten bleibt. Es gibt ein internationales Netzwerk, *Health Promoting Hospitals*, dem auch einige dutzend deutsche Krankenhäuser angehören. Diese *Gesundheitsfördernden Krankenhäuser* haben sich einem WHO-Code verpflichtet, nicht nur die Krankheit zu behandeln, sondern darüber hinaus die Gesundheit zu fördern.

Auch Aphoristiker beschäftigen sich mit den Themen Gesundheit, Krankheit und Prävention.

Ein Klassiker wurde in diesem Buch schon früher zitiert:

Wenn du am Abgrund stehst, ist Vorbeugen nicht mehr besser als Heilen.

Viele kennen auch:

Gestern noch standen wir vor einem Abgrund, und heute sind wir schon einen großen Schritt weiter.

In meinen Therapien verwende ich ab und zu in diesem Zusammenhang auch:

Es ist gut, dass Sie mit diesem Problem rechtzeitig in Therapie kommen. Das ist der richtige Zeitpunkt. Manche kommen ja so spät, dass man sagen muss:

Skelett kommt zum Zahnarzt, und der Zahnarzt sagt: Sie kommen aber spät!

Ein beliebtes Thema für Schriftsteller und Aphoristiker ist „Der eingebildete Kranke".
Gerhard Uhlenbruck sagt zu diesem Thema:

Ein Hypochonder ist ein Mensch, der das Gras wachsen hört, in welches er glaubt, beißen zu müssen.

Und:

Der Hypochonder macht vor lauter Angst, einmal beide Augen zuzumachen, kein Auge mehr zu.

Von Werner Mitsch stammt:

Wussten Sie schon, dass auf einen ausgebildeten Arzt zehn eingebildete Kranke kommen?

In einer Supervision hatte ich zu diesem Thema allerdings einmal ein interessantes Erlebnis. Ein Kollege stellte mir den Fall eines hypochondrischen Patienten vor. Irgendwann sagte ich aus einer Intuition heraus – nach meiner Erinnerung eher flapsig:
Man sollte immer bedenken:

Auch ein Hypochonder kann einmal krank werden.

Längere Zeit später – ich hatte die Details des Falles längst vergessen – gab mir der Kollege die Rückmeldung, dass der „eingebildete" Kranke tatsächlich an einer schweren Krankheit leide und seine großen Sorgen um die Gesundheit durchaus berechtigt gewesen seien.

Einen anderen wichtigen Aspekt thematisiert der nächste Spruch:

Manche tun so viel für ihre Gesundheit, dass sie ganz krank davon werden.

Dass die moderne Medizin selbst neben all ihren überragenden Möglichkeiten auch Nebenwirkungen hat, wird schon seit Jahrhunderten angesprochen. Molière schrieb vor über 300 Jahren:

Die meisten Menschen sterben an ihren Medikamenten und nicht an ihren Krankheiten.

Aldous Huxley sagt:

Die Erforschung der Krankheiten hat so große Fortschritte gemacht, dass es immer schwerer wird, einen Menschen zu finden, der völlig gesund ist.

Karl Kraus formuliert kurz und knapp:

Eine der verbreitesten Krankheiten ist die Diagnose.

Der Aphoristiker und Satiriker Gabriel Laub nennt einen überraschenden Gesichtspunkt zum Thema Prophylaxe:

Der vorsichtige Pessimist begeht Selbstmord, indem er sich vor einen Krankenwagen wirft.

André Gide weist dann schließlich noch auf wichtige Zusammenhänge zwischen Gesundheit und Alter hin:

Das Alter hat auch gesundheitliche Vorteile: Zum Beispiel verschüttet man ziemlich viel von dem Alkohol, den man trinken möchte.

Der deutsche Humor

Ein bekannter Witz stellt die Scherzfrage: Was ist das dünnste Buch der Welt?
400 Jahre deutscher Humor.
Das entspricht einem Satz, den ich mal gefunden habe:

Der deutsche Humor ist seiner Seltenheit wegen besonders wertvoll.

Der aus der ehemaligen Tschechoslowakei nach Deutschland übergesiedelte Aphoristiker Gabriel Laub meint jedoch:

Der Ruf der Deutschen als humorlose Nation lebt nur noch dank der Redakteure, Lektoren und Professoren, die ihn wie ein Heiligtum hüten.

Aus meiner Privatsammlung

I

Schmiede deinen Nächsten, solange er warm ist.
(U. a. für Männer wie Frauen, die zögern, auf das Interesse eines potenziellen Partners einzugehen)

Mit einem Messer im Rücken geht unsereiner noch lange nicht nach Hause.
(Für Wagemutige, denen ein Warnschuss alleine nicht reicht)

Alleine (und) mit Spaßvögeln kann man keine Familie gründen.*
(Zu Spaßgesellschaft und Rentenproblematik)

Wenn ich die meisten meiner Freunde nicht hätte, hätte ich auch die meisten meiner Probleme nicht.
(Zum Wert von Freundschaften I)

Freundschaftlich ist, wenn dich einer für gutes Schwimmen lobt, nachdem du beim Segeln gekentert bist.
(Zum Wert von Freundschaften II)

Wo viel Schatten ist, ist auch Licht.
(Zum weiteren Wert von Freundschaften und für viele andere Lebenslagen)

II

Ich vergesse nie ein Gesicht, aber in Ihrem Fall mache ich eine Ausnahme.
(Von Groucho Marx liebevoll für verschiedene Gelegenheiten formuliert)

Das Gras wächst nicht schneller, wenn man daran zieht.
(Afrikanisches Sprichwort für (Er-)Ziehende)

Früher war ich unermüdlich im Forschen, und heutzutage bin ich manchmal unerforschlich ermüdet.
(Für unermüdlich Alternde)

Endlich hatte ich wieder trockenen Fuß unter dem Boden.
(Zum Thema Das rettende Ufer)

Bloß weil du unter Verfolgungswahn leidest, musst du nicht glauben, dass sie nicht hinter dir her sind.
(Für provokative Therapeuten, die mit Paranoikern arbeiten)

Dass er starb, ist noch kein Beweis, dass er gelebt hat.
(Für eine einfühlsame Rede am Grabe eines Workoholics)

Lieber rechtzeitig aussteigen als zu früh eingehen.*
(Für noch lebende Workoholics)

IIII

In meinem Zimmer rußt der Ofen, in meinem Herzen ruhst nur du.
(Für Liebesbriefe)

Ich hab' im Traum dein Bild gesehn,
da blieb vor Schreck mein Wecker stehn.
(Für ein Poesiealbum)

I do not mind if you smoke here. But please do not exhale. –
Es macht mir nichts aus, wenn Sie hier rauchen. Aber bitte ohne auszuatmen.
(Schild, das lange im Erdgeschoss meines Instituts hing; irgendwann hat es wohl mal jemand für eine Privatsammlung mit dem Titel **„Durch Leihen erworben"** mitgenommen)

Das Essen hier ist nicht so schlecht, wie es einem davon wird.

Der Student geht so lange zur Mensa, bis er bricht.
(Falls der Küchenchef mit der Frage „Hat es gemundet?" an den Tisch kommt)

Auf dem Baum, da saß ein Specht;
der Baum war hoch, dem Specht war schlecht.
(Falls der Küchenchef mit der Frage „Hat es gemundet?" an den Tisch kommt, und am Tisch sitzt ein Hypnotherapeut, der elegant indirekt antworten möchte)

Bei mir herrscht Ordnung: ein Griff, und die Sucherei beginnt.
(Poster, das mir meine 13 Jahre alte Schwester zu meinem 19. Geburtstag schenkte; für jeden, der jemals meinen Schreibtisch sah, ein plausibles Geschenk – allerdings möchte ich entgegnen:

Wie voll würde mein Schreibtisch erst aussehen, wenn alle erledigten Sachen draufliegen würden.*

IV

Was meinen Sie als Unbeteiligter zum Thema Intelligenz?
Bei wem lässt du denken?
(Typische Reporterfragen oder auch als Frage unter Freunden geeignet)

Manche Leute haben nicht nur die mittlere Reife, sie könnte nach ihnen benannt worden sein.
(So ähnlich vor über 30 Jahren von *Insterburg & Co.* für viele Situationen formuliert)

Was lange gärt, wird endlich Wut.
(Vielfältig als Pacing-Strategie verwendbar)

Was lange gärt, wird endlich Mut.
(Anschließende zielorientierte Leading-Variante)

Auf einer Seereise beugen sie zuerst mit Tabletten und dann sich selber vor.

Auch stille Wasser sind nass.

Bloß g'scheit isch au dumm.

V

Aller Mannfang ist schwer.

Abends um sieben ist das Bett noch in Ordnung.

Das kann ja Eiter werden!

Es genügt nicht, keine Meinung zu haben. Man muss auch unfähig sein, sie auszudrücken.

Woher soll ich wissen, was ich denke, bevor ich gehört habe, was ich sage?

Nieder mit der Schwerkraft, es lebe der Leichtsinn!

Nimm's leicht, nimm mich.

Warte nicht auf andere, liebe dich selbst.

Mit leerem Kopf nickt sich's leichter.

Stell dir vor, jemand sagt was, und ein anderer hört zu!

Was dem einen sein Klopstock, ist dem andern sein Hölzenbein.

Mein Onkel war nicht betrunken, sondern nur sinnlos angeheitert.

VI

Heilige Jungfrau Maria, gib, dass ich sündige, ohne zu empfangen, wie du empfangen hast, ohne zu sündigen!

Er wollte 6, doch sie gab 8.

Jeder redet vom öffentlichen Verkehr, aber keiner traut sich.

Stell dir vor, da fällt dir was ein, und keiner liest's!

Die Grundlage von Flexibilität ist Entscheidungsschwäche.

Manchmal denke ich, und manchmal bin ich.

Auch Dicke haben mal dünn angefangen.

Vergessen macht frei.

Meine innere Stimme ist gerade heiser.

VII

Wer Probleme mit dem Kreislauf hat, sollte mal geradeaus laufen.

Stell dir vor, es ist möglich, und keiner kriegt's hin!*

Ich verspreche nichts, aber das halte ich auch.

Es ist viel zu früh zu spät.

Immer nur müssen ist genauso schlimm wie nie dürfen.

Auch ein toter Hund hat eine Mutter.

Rom ist in der kleinsten Hütte.

Haben Sie die Lösung, oder sind Sie ein Teil des Problems?

Wenn einem alle entgegenkommen, ist man auf der falschen Seite.

Wer nichts von festen Bindungen hält, sollte nicht Ski fahren.

Gelegenheit macht Liebe.

Onanie ist Liebe an und für sich.

VIII

Jeder ist seines Glückes Störenfried.

Eine lose Mutter ist lockerer als 'ne feste Schraube.

Wer für alles offen ist, kann nicht ganz dicht sein.

Wer nicht mit der Zeit geht, geht mit der Zeit.

Die Lücke, die ich hinterlasse, ersetzt mich vollkommen.

Bleibe im Bett, und erhole dich täglich.

Wer sich verlobt zur rechten Zeit,
braucht nicht zu nehmen, was übrig bleibt.

Wer finden will, der muss verlieren können.

Aus dem Chaos sprach eine Stimme zu mir: „Lächle und sei froh, es könnte schlimmer kommen!" – Ich lächelte und war froh, und es kam schlimmer.

Wer redet, was er nicht sollte, muss hören, was er nicht wollte.

Wer Stil und Ideen hat, wird Schriftsteller.
Wer Stil hat, aber keine Ideen, wird Journalist.
Wer weder Stil noch Ideen hat, wird Germanist.

IX

Wer keinen Spaß versteht, den sollte man nicht ernst nehmen.

Wer den Feind umarmt, macht ihn bewegungsunfähig.

Wer beim Schwimmen ins Schwimmen kommt, geht beim Baden baden.

Im Schatten ist es ruhig, weil man das Licht nicht hört.

Wenn Sie nichts zu tun haben, tun Sie's bitte nicht hier!

Wenn man gut sitzt, braucht man keinen Standpunkt.

Was liegt bei Reisen näher als die Ferne?

Waschen allein genügt nicht, man muss auch ab und zu das Wasser wechseln.

Spare in der Not, dann hast du Zeit dazu!

Spare in der Schweiz, so hast du in der Not!

Pubertät ist, wenn die Eltern anfangen, schwierig zu werden.

X

In mir schlummert ein Genie, nur wird das Biest nicht wach.

In Wirklichkeit ist die Realität ganz anders.

Weg mit dem Watzmann – freier Blick aufs Mittelmeer!

Ich stehe hier am Mittelmeer und habe keine Mittel mehr.

Beim Kugelstoßen ruht das Gleichgewicht auf dem mittleren Bein.

Die Liebe ist ein Feuer: Man weiß nie, wie es ausgeht.

Manche sind wie die Erde: immer auf Achse und trotzdem rund.

Der Punkt ist ein Winkel, dem die Schenkel ausgerupft wurden.

Wer am Zweifel verzweifelt, soll am Zweifel zweifeln.

Das Leben ist zu kurz, um ein langes Gesicht zu machen.

Zu guter Letzt

Was sagt man im Chinarestaurant?

Ente gut, alles gut.

Den betroffenen Enten wird allerdings zugeschrieben:

Lieber Ente und roh als Gans und gar.

Jedenfalls:

Alles fängt damit an, dass am Ende der Punkt fehlt[15]

Anmerkungen

1 Gut, dass es den Carl-Auer-Systeme Verlag gibt, da kann ich meine Fähigkeit als Verleger konstruktiv einbringen. Oder: **Manche Verleger verlegen die Bücher so, dass man sie nicht mehr wieder findet.**

2 Ab und zu habe ich Sprüche selber erfunden oder modifiziert. Wo dies nicht aus dem Kontext ohnehin hervorgeht, habe ich diese Sprüche mit * gekennzeichnet. Da im Vergleich zu den großen Meistern der Aphoristik meine eigenen Sprüche wohl meist eher ein wenig anfängerhaft wirken, tröste ich mich mit der Feststellung: **Es muss auch unbegabte Talente geben.**

3 Wolfgang Mieder (Hrsg.) (2002): In der Kürze liegt die Würze. Sprichwörtliches und Spruchhaftes als Basis für Aphoristisches. (Supplement Series of Proverbium, Yearbook of International Proverb Scholarship, Vol. 10.) Burlington, VT (Proverbium in Cooperation with Department of German and Russian, University of Vermont).

4 Martin Kessel (1952): Musisches Kriterium. Aphorismen. Wiesbaden (Steiner), S. 8, zit. nach Wolfgang Mieder (s. Anm. 3).

5 „So schnell wie möglich“ hat auch beim Meister der Kurztherapie, Erickson, oft jahrelange oder sogar jahrzehntelange Arbeit bedeutet, dies vor allem in der Therapie bzw. begleitenden Betreuung von Rehabilitationspatienten oder Psychotikern. Oberstes Prinzip ist: Jedes Individuum ist einzigartig. Die individuelle Situation legt die Technik und das Vorgehen nahe, und die Technik wird nicht mit aller Gewalt einem individuellen Patienten in seiner einzigartigen Situation übergestülpt. Beispiele für Langzeittherapien des Meisters der Kurztherapie Milton Erickson finden sich in J. K. Zeig (2002): Einzelunterricht bei Erickson. Hypnotherapeutische Lektionen bei Milton H. Erickson, und im Bd. VI der Gesammelten Schriften von Milton H. Erickson, dort besonders im Kapitel über Rehabilitation (beide im Carl-Auer-Systeme Verlag erschienen).

6 In meinem Vorwort zu Manfred Priors Buch *Minimax-Interventionen* habe ich dieses Zitat Goethe zugeschrieben. Vor 20 Jahren habe ich das mal so in einem Vortrag von einer deutschen Medizinprofessorin gelesen. Trotz vielfacher Recherchen habe ich das Zitat lange nicht gefunden. Unterdessen habe ich

dasselbe Zitat von einem italienischen Kollegen gehört, und der hat es Blaise Pascal zugeschrieben. In der Tat habe ich im Internet in einer Aphorismensammlung unter Blaise Pascal dieses Zitat entdeckt. Ich hoffe, dass das jetzt stimmt.
7 Der Satz geht nach unserer Recherche urspünglich auf ein Tanzstück mit dem gleichen Titel zurück, das 1997 unter der Regie von Mechtild Erpenbeck am Berliner Theater am Halleschen Ufer aufgeführt wurde.
8 Dies ist ein Beispiel von Sigmund Freund für einen freudschen Versprecher.
9 Dieses Lied bereitet besondere Freude, wenn man *schiffen* auch in der Bedeutung von „pinkeln“ kennt.
10 Informationen zu diesem Seminar auf www.meg-rottweil.de.
11 Es gibt eine hervorragende CD zur Blutdrucksenkung von Dagmar Ertle und Anette Fahle über www.hypnos.de.
12 Adressen von qualifizierten Hypnotherapeuten finden Sie auf den Homepages der großen deutschen Hypnosegesellschaften: www.meg-hypnose.de, www.hypnose-dgh.de, www.dgaehat.de. Ausgebildete Hypnosezahnärzte finden Sie unter www.dgzh.de.
13 Dieser Spruch stammt aus dem Programm von *Tuba-Wa-Duo*. *Tuba-Wa-Duo* waren die beiden Solotubisten zweier Ostberliner Sinfonieorchester. Sie hatten um die Wendezeit ein spezielles musikalisch virtuoses Programm für zwei Tuben. Ihr Spruch hat vielleicht den geringsten Aussagewert und den flachsten Tiefgang aller Sprüche in diesem Buch und darf als solcher nicht fehlen.
14 Diese Kollegen sind Dr. med. Thomas Duffner und Dipl.-Psych. Jochen Künzel.
15 **Wer am Ende ist, darf von vorn anfangen.**

Danksagung

Bedanken möchte ich mich bei den Kolleginnen und Kollegen, die mir Sprüche und Aphorismen zugeschickt bzw. ihre Sammlungen zur Verfügung gestellt haben. Dazu gehören vor allem Elke Borchard und Jeffrey Zeig. Ein besonderer Dank geht an den Aphorismus- und Sprichwortforscher Wolfgang Mieder. Ohne seine vielen Bücher, Artikel und Aphorismensammlungen wäre ich auf vieles Wertvolle und Witzige wohl nie gestoßen. Ähnliches gilt für den Kölner Medizinprofessor Gerhard Uhlenbruck, der seit Jahrzehnten unglaublich kreativ ständig neue hochkarätige Aphorismen produziert. Aufgrund der durchgängigen Bezüge zu ärztlichen und therapeutischen Themen sind seine Sprüche für unser Feld besonders wertvoll. Sowohl Mieder als auch Uhlenbruck habe ich deshalb in diesem Buch ein spezielles Kapitel gewidmet.

Ein ganz besonderer Dank geht an die Mitarbeiter des Carl-Auer-Verlags, die mit einem enormen Einsatz halfen, dieses Buch in wenigen Wochen zu editieren und zu produzieren. Dazu gehört insbesondere ein spezieller Dank und eine große Anerkennung für die Idee mit dem Titel „Aha-Handbuch". Wie ich hörte, brachte Klaus Müller beim gemeinsamen Brainstorming der Carl-Auer-Crew die Ideen mit diesem Titel auf den Punkt. Ich habe mit diesem Buch-Titel nur ein Problem: Warum bin ich eigentlich nicht selbst darauf gekommen?

Das Buch wurde zu großen Teilen in der stimulierenden Atmosphäre von Südseestränden auf Fidschi und

Samoa geschrieben. Die achtwöchige Reise war der Beginn des Sabbathjahres meiner Frau, und dieser Kontext führt zu verschiedenen Danksagungen.
Michael Marie Jung hat mir noch kurz vor meinem Abflug in die Südsee drei seiner kürzlich erschienenen Aphorismenbücher zugeschickt. Danke für die schnelle Reaktion.
Dann möchte ich meiner Frau Gitte danken, die nach einigem Zögern dem Laptop für unterwegs zugestimmt hat und die Entwicklung des Buches mit vielen Rückmeldungen und Ideen unterstützt hat.
Dem Verlag hatte ich versprochen, dass ich per E-Mail Kontakt halte und bis zum Ende unserer achtwöchigen Reise das Buch fertig gestellt habe. Einige Dinge waren in der Südsee dann doch anders als erwartet. Mein E-Mail-Provider hatte überraschend weder auf Fidschi noch auf Samoa Einwahlknoten. In vielen Internetcafés waren die Diskettenlaufwerke entweder nicht vorhanden oder gesperrt. Die Leitungen waren teils extrem langsam, und es dauerte manchmal 30 Minuten, bis die erste Mail auf dem Bildschirm zu sehen war.
Auf Samoa hatte ich großes Glück. Gleich zu Beginn lernte ich den sehr sympathischen Österreicher Andreas Kreutz kennen, der bei der heimischen Telekom ausgestiegen war und in Manase seit kurzem ein Internetcafé plus Autoverleih betreibt. Er hatte nur eine Telefonleitung für Internet und Geschäftstelefon, und man musste immer etwas länger warten, bis man das Internet benutzen konnte. Als er von meinen Problemen hörte, hat er zu meiner Überraschung seinen In-

ternetzugang mit seinem Passwort auf meinem Laptop fest installiert und mir erlaubt, den Zugang auch bei einer einwöchigen Reise zu einem Festival in der Hauptstadt Apia zu benutzen. In Apia hatte ich dann das Problem, eine Telefonleitung zu finden, an die ich mich andocken konnte. Der Chef des kleinen – für Neuankömmlinge in Samoa idealen – *Princess Tui Inn Hotels*, George Hadley, ließ mich in sein privates Büro und gab mir seine recht schnelle Exklusivleitung fürs Internet. Das hat den Ablauf bei der Fertigstellung des Buches beschleunigt, und ich möchte mich hier bei den beiden Wahlsamoanern bedanken.
Eine Reise nach Samoa und Fidschi lohnt sich übrigens unbedingt, und ich werde trotz der langen Anreise noch mal hinreisen (und vielleicht dort ein weiteres Buch schreiben). Dies muss ich sagen, obwohl ich als Schwarzwälder im Gegensatz zu meiner Frau grundsätzlich jeder Reise, die über das Nachbartal hinausgeht, skeptisch gegenüberstehe.

Der Schwarzwälder kennt sein Tal meist nur in der Längsrichtung entlang dem Bach, die Querrichtung mit der Dimension jenseits des Hügels ist ihm schon deutlich weniger vertraut.

Ein Dank an die vielen tollen, lebensfrohen Menschen in der Südsee, die mit ihrem Lachen und ihrer Herzlichkeit wesentlich zum leichten Charakter manches Kapitels dieses Buches beigetragen haben.

Bernhard Trenkle | Dipl.-Psych. Dipl.-Wi.-Ing.

Seit 1980 Organisation von zahllosen Workshops, kleinen und großen internationalen Kongressen (bis zu 6000 Teilnehmer) für Psychotherapeuten, Ärzte, Psychologen, Sozialpädagogen, Berater, Coachs, Logopäden, Pädagogen, etc.

www.bernhard-trenkle.de | Aktuelles Programm

www.bernhard-trenkle.eu | Coaching, Beratung, Organisation, Vorträge, Seminare